国际汉语教师证书
备考指南
汉语知识篇

杨德峰 编著

北京语言大学出版社
BEIJING LANGUAGE AND CULTURE
UNIVERSITY PRESS

图书在版编目（CIP）数据

国际汉语教师证书备考指南．汉语知识篇／杨德峰编著．—北京：北京语言大学出版社，2017.9（2020.3 重印）
ISBN 978－7－5619－5030－2

Ⅰ．①国… Ⅱ．①杨… Ⅲ．①汉语—对外汉语教学—资格考试—自学参考资料 Ⅳ．①H195.3

中国版本图书馆 CIP 数据核字（2017）第 212087 号

国际汉语教师证书备考指南 · 汉语知识篇

GUOJI HANYU JIAOSHI ZHENGSHU BEIKAO ZHINAN · HANYU ZHISHI PIAN

排版制作：华伦图文制作中心
责任印制：周 燚

出版发行：北京语言大学出版社
社　　址：北京市海淀区学院路 15 号，100083
网　　址：www.blcup.com
电子信箱：service@blcup.com
电　　话：编辑部 8610－82301016
发行部 8610－82303650/3591/3648
北语书店 8610－82303653
网购咨询 8610－82303908
印　　刷：北京中科印刷有限公司

版　　次：2017 年 9 月第 1 版　　印　　次：2020 年 3 月第 3 次印刷
开　　本：787 毫米 × 1092 毫米 1/16　　印　　张：13
字　　数：230 千字
定　　价：40.00 元

PRINTED IN CHINA

前　言

2014 年 10 月开始启动国际汉语教师证书考试，这对正在从事国际汉语教学或将来希望从事国际汉语教学工作的志士仁人，无疑是一大好消息。为了便于应试者进行有针对性的复习，更好地应试，我们根据《国际汉语教师标准》（2012）、《国际汉语教师证书考试大纲》（2015）以及公布的样题等，编写了这本《备考指南》，希望帮助应试者了解和掌握现代汉语知识。

本书主要包含以下内容：

一、现代汉语语法知识

本书对现代汉语的语音、汉字、词汇、语法以及修辞进行了简明、扼要的梳理，力求反映现代汉语语法的全貌，但又力避烦琐。为了做到这一点，本书尽量采用表格的方式对有关知识进行展现。在介绍汉语语法知识时，注重突出对国际汉语教学的特点。

二、知识重点

本书专门设计了“备考指南”，根据对国际汉语教学的特点，对该节的知识进行进一步的提炼，指出其中的重点、难点，并根据教学中发现的学习者存在的问题，提出了一些实用的、行之有效的教学方法或建议，应试者或从事对国际汉语教学的工作者可作为应试或教学参考。

三、模拟试题

为了便于应试者熟悉应试题型，更好地准备考试，书中专门设计了“模拟练习”板块，根据公布的样题，编写了一定数量的有针对性的练习题，供应试者进行有针对性的训练。在设计练习时，不仅考虑了题型对相关知识点的覆盖，而且也注意了题型的多样性，努力做到题型与试题的对接。

四、知识拓展

本书还设计了“知识链接”板块，给出与本章或本节相关的专著或教材，以便应试者或有兴趣者做更详细、深入、系统的了解。

五、参考答案

为方便应试者了解答题情况，书中还附有模拟练习的“参考答案”。

编　者

目　录

第一章　语音

每种语言都有自己的语音系统。汉语的语音系统包括声母、韵母、声调和音节等。

第一节　声母

一、案例导入

第1—4题

请选出对话中画线汉字的声母的国际音标，在A—E中进行选择，其中有一个多余选项。

大　卫：你（1）家在哪儿？
李　明：我家在（2）湖南。
大　卫：湖南（3）离北京远不远？
李　明：很远，坐高铁得6个多小（4）时。

1. ________
2. ________
3. ________
4. ________

A. [f]
B. [x]
C. [l]
D. [tɕ]
E. [ʂ]

答案与解析

答案1. D、2. B、3. C、4. E。

该题主要考查声母的发音以及学习者对汉语声母的国际音标的掌握情况，

了解应试者是否具备这方面的基本知识，此其一；其二考查应试者国际音标的运用能力。(1)“家”的声母为 j [tɕ]；(2)“湖”的声母为 h [x]；(3)“离”的声母为 l [l]；(4)“时”的声母是 sh [ʂ]，因此答案是 D、B、C、E。

二、基本知识

普通话一共 21 个声母，分别是：

b [p]	p [pʰ]	m [m]	f [f]
d [t]	t [tʰ]	n [n]	l [l]
g [k]	k [kʰ]	h [x]	
j [tɕ]	q [tɕʰ]	x [ɕ]	
z [ts]	c [tsʰ]	s [s]	
zh [tʂ]	ch [tʂʰ]	sh [ʂ]	r [ʐ]

这些声母的发音部位和发音方法如下：

发音方法			发音部位						
			唇音		舌尖前音	舌尖中音	舌尖后音	舌面音	舌根音
			双唇音	唇齿音					
塞音	不送气	清音	b			d			g
	送气		p			t			k
塞擦音	不送气	清音			z		zh	j	
	送气				c		ch	q	
擦音	清音			f	s		sh	x	h
	浊音						r		
鼻音	浊音		m			n			
边音	浊音					l			

表头分类项右边标明的是发音部位，左边标明的是发音方法，拿“zh”来说，它的发音部位是舌面后部和软腭，称为舌尖后音，发音方法为塞擦、不送气、清，即“zh”是一个舌尖后不送气清塞擦音。其他声母的发音部位和发音方法照此类推。

三、备考指南

本节的重点：

（一）送气声母和不送气声母（b—p、d—t、g—k、j—q、z—c、zh—ch）

外国学生容易把送气音发成不送气音，在教授送气音时，建议让每个学生手里拿着一张纸，放在嘴的前面，练习发送气音，如果发音时纸片往前颤动，说明有气流出来，发出的音是送气音。否则，是不送气音。反复练习，直到纸片往前颤动为止。

（二）卷舌声母（zh、ch、sh、r）

卷舌声母是外国学生学习的难点，他们要么舌头太靠前，要么舌头卷得太多。为了解决这一问题，可准备这些音的发音舌位图，让学生看着图，调整舌尖的位置，然后再练习发音。

（三）l 和 r

有的外国学生很容易把“r”发成“l”。教学时，可准备“r”的舌位图，让学生摆对舌尖的位置，然后再练习发“r”。

四、模拟练习

第 1—6 题

大　卫：玛丽，天气这么（1）热，你干什么去？
玛　丽：跑步（2）去，你跟我一起去吗？
大　卫：刚吃饱饭，最好不要跑（3）步。
玛　丽：没关系，我经常这么（4）做。

请选出对话中画线汉字声母的发音部位和发音方法，在 A—E 中进行选择，其中有一个多余选项。

1. ________
2. ________
3. ________
4. ________

A. 舌尖前不送气清塞擦音
B. 舌尖后浊擦音
C. 舌面送气清塞擦音
D. 双唇不送气清塞音
E. 舌面不送气清塞音

5. 外国学生声母最容易发错音的一组是：（ ）

A. 热、这（么）　　B.（玛）丽、跟
C.（最）好、没　　D. 刚、饭

6.“跑步”中的“跑”外国学生容易发成“bǎo”，主要原因是什么？（ ）

A.“p”的发音方法不对　　B. 清音发成了浊音
C.“p”的发音部位不对　　D. 目的语的负迁移

第 7—16 题

大　卫：这个星期日晚上你有事（7）吗？
玛　丽：没（8）事。
大　卫：星期日是我的生日，晚上有个派对，想请你（9）参加。
玛　丽：太好啦，我一定去。需要我准备点什么？
大　卫：你（10）来参加就可以了。
马　丽：不好意思，我带一些啤（11）酒吧。
大　卫：（12）可以啊。

选出对话中画线汉字声母的发音部位，在 A—G 中进行选择，其中有一个多余选项。

7. ________
8. ________
9. ________
10. ________
11. ________
12. ________

A. 舌根
B. 舌尖前
C. 双唇
D. 舌尖中
E. 舌尖后
F. 舌面
G. 唇齿

13. “日”外国学生容易读成“lì”，主要原因是什么？（　）

A. “r”的发音方法不对　　B. 浊音发成了清音
C. “r”的发音部位不对　　D. 母语的负迁移

14. “参”外国学生有时读成“zān”，主要原因是什么？（　）

A. “c”的发音方法不对　　B. 清音发成了浊音
C. “c”的发音部位不对　　D. 目的语的负迁移

15. 声母是“舌面不送气清塞擦音”的选项是：（　）

A. 事　　B. 派
C. 行　　D. 酒

16. 声母是“舌尖后清擦音”的选项是：（　）

A. 派　　B. 行
C. 事　　D. 日

五、知识链接

有关声母的详细情况，请参见：

1. 黄伯荣，廖序东. 现代汉语（上册）（增订三版）. 北京：高等教育出版社，2002.

2. 刘广徽，金晓达. 汉语普通话语音图解课本（学生用书）（修订版）. 北京：北京语言大学出版社，2011.

第二节　韵母

一、案例导入

第 1—4 题

请选出对话中画线汉字的韵母的国际音标，在 A—E 中进行选择，其中有一个多余选项。

> 今天星期天，我和大卫（1）吃了早饭以后，就坐地铁去了（2）西直门，准备在那儿坐火车去长城。（3）到了西直门以后，我们不知道到火车站怎么走，由于我们的汉语不太好，问了半天还是不知道。后来一个漂（4）亮的姑娘把我们带到了车站，我觉得中国人太好了。

1. ________
2. ________
3. ________
4. ________

A. [i]
B. [ʅ]
C. [iɑŋ]
D. [ɑu]
E. [ɑo]

答案与解析

答案 1. B、2. A、3. D、4. C。

该题主要考查对普通话韵母的国际音标的掌握情况，特别是对 zhi、chi、shi、ri 后面的韵母的国际音标的掌握情况。（1）的“吃”，拼音是 chi，但 i 的国际音标为 [ʅ]；（2）的“西”拼音为 xi，i 的国际音标为 [i]；（3）的“到”拼音为 dao，ao 国际音标为 [ɑu]；（4）“亮”拼音为 liang，iang 的国际音标为 [iɑŋ]，因此答案是 B、A、D、C。

二、基本知识

汉语一共有 36 个韵母，其中单韵母 7 个：

a o e i u ü er

复韵母 13 个，其中二合韵母 9 个：

前响复元音韵母	ai ei ao ou
后响复元音韵母	ia ie ua uo üe

三合韵母 4 个，都是中响复元音韵母：

iao iou uai uei

复韵母的发音特点是从一个元音滑到另一个元音，中间经历了很多过渡音。复韵母可以根据组成元音的轻重长短，分为韵头、韵腹和韵尾三部分。韵头只有三个：i、u、ü，它们出现在主要元音前，表示复韵母发音的起点，读得轻且短。例如：

下 xià 的 i　　对 duì 的 u　　选 xuǎn 的 u（ü）

韵腹是韵母的核心，是主要元音，发音时最响亮、最清晰，一般由 a、o、e 来充当。例如：

卖 mài 中的 a　　活 huó 中的 o　　写 xiě 中的 e

主要元音后面的元音是韵尾，主要是 i、u，表示韵腹滑动的方向。例如：

坏 huài 中的 i　　掉 diào 中的 o

鼻音韵母 16 个，其中前鼻音韵母 8 个：

an　en　uan　uen
ian　in　üan　ün

后鼻音韵母 8 个：

ang　eng
iang　ing　iong
uang　ueng　ong

三、备考指南

本节的重点：

（一）e 的读音

汉语的 e 有四个读音：d、t、n、l 等后读 [ə]，g、k、h 等后读[ɤ]，其他情况下读 [ɛ] 或 [e]，前两种情况下容易读成字母音。

（二）u 和 ü 的区别

外国学生很容易把 ü 发成 u，特别是 j、q、x 与 ü 相拼时，由于 ü 上面的两点去掉了，他们很容易把 ü 发成 u。为了解决这一问题，初学时可把 j、q、x 后面的 u 恢复为 ü，经过一段时间的训练后，再告诉学生，jü、qü、xü 中 ü 上面的两点要去掉。

（三）后鼻音韵母和前鼻音韵母的区别

汉语的 an—ang、en—eng、in—ing、ian—iang、uan—uang，每组前一个是前鼻音韵母，后一个是后鼻音韵母，由于有的语言没有这种对立，因此有的外国学生常常把后鼻音发成前鼻音。为了避免这种情况的出现，可以通过对比让学生了解每组韵母的不同之处；另外，发后鼻音韵母的时候，让学生尽量把嘴张大，这样舌头就会自然往后移动，就比较容易发出后鼻音韵母。

四、模拟练习

第1—12题

大　夫：你（1）<u>怎</u>么了？
玛　丽：我头（2）<u>疼</u>，咳嗽，流鼻涕。
大　夫：（3）<u>发</u>烧吗？
玛　丽：不发（4）<u>烧</u>，嗓子也有些疼。
大　夫：感冒了，我给你开点药，回去以后按时吃药，多喝（5）<u>水</u>，多休息，过两天就会好的。
玛　丽：谢谢！

请选出对话中画线汉字的韵母的类别，在A—F中进行选择，其中有一个多余选项。

1. ________
2. ________
3. ________
4. ________
5. ________

A. 单韵母
B. 后鼻音韵母
C. 前鼻音韵母
D. 后响复元音韵母
E. 前响复元音韵母
F. 中响复元音韵母

6. 下列汉字韵母中的e发音相同的一组是：（　）
A. “么”和“可”　　B. “可”和“也”
C. “也”和“给”　　D. “可”和“喝”

7. “对”的韵母中韵头是：（　）
A. u　　B. i　　C. e　　D. 没有

8. “药”的韵母中韵腹是：（　）
A. ɑ　　B. o　　C. i　　D. y

9.“给”的韵母中韵尾是：（　）

A. e　　B. i　　C. ei　　D. 没有

10. 下列汉字韵母中有韵尾的是：（　）

A. 些　　B. 会　　C. 两　　D. 多

11. 下列哪个汉字的韵母不是前响复元音韵母？（　）

A. 些　　B. 烧　　C. 后　　D. 给

12. 下列哪个汉字的韵母是中响复元音韵母？（　）

A. 头　　B. 流　　C. 过　　D. 谢

第 13—16 题

大　卫：我们明天出去玩，你想（13）去吗？
玛　丽：去哪儿？
大　卫：长（14）城。
玛　丽：太好了，我正想去那儿呢。只有我们两个人吗？
大　卫：一共五（15）个人。
玛　丽：我们怎么去？
大　卫：坐公（16）共汽车去。

13.（13）的“去”，有的外国学生容易说成类似“qiu”，原因是什么？（　）

A.“u”和“iu”不分

B.“ü”的发音方法不清楚

C.“ü”的发音部位不清楚

D.“ü”上两点去掉了

14.（14）的“城”，有的外国学生容易说成“chén”，原因是什么？（　）

A.“eng”的发音方法不清楚

B.“ng”的发音部位不清楚

C.“en”和“eng”相混

D.“e”的发音方法不清楚

15. (15)的"个"与下面哪个选项中的韵母"e"发音相同?( )

A. "和"　　B. "学"

C. "么"　　D. "得"

16. (16)的"共"外国学生容易说成"gèng",原因是什么?( )

A. "gong"的发音部位不清楚

B. "gong"的发音方法不清楚

C. "e"和"o"发音方法相同

D. "gong""geng"发音相近

五、知识链接

有关韵母的详细情况,请参见:

1. 北京大学中文系现代汉语教研室. 现代汉语(增订本). 北京:商务印书馆,2012.

2. 黄伯荣,廖序东. 现代汉语(上册)(增订三版). 北京:高等教育出版社,2002.

第三节 声调

一、案例导入

第1—2题

> 大　卫：服务员，有（1）水饺吗？
> 服务员：对（2）不起，卖完了。
> 大　卫：那给我来（3）一碗面条吧？
> 服务员：好的。还要别的吗？
> 大　卫：（4）不要了。谢谢！

1. 对话中画线汉字不应该变调的是：（　）

A.（1）水　　B.（2）不

C.（3）一　　D.（4）不

2. 对话中画线汉字在语流中声调不正确的是：（　）

A. shuí　　B. bù

C. yì　　D. bú

答案与解析

1. 答案B。该题主要考查三声和“一”“不”的变调规律。(1) 中的“水”是第三声，“饺”也是第三声，“水”应该变调；(2) 中的“对不起”是一个词，“不”读轻声，不变调；(3) 中的“一”在第三声前面也应变调；(4) 中的“不”在第四声前也要变调。

2. 答案B。该题主要考查三声和“一”“不”变调的具体情况。(1) 中的“水”在第三声前变成二声；(2) 中的“对不起”是一个词，“不”读轻声，不变调；(3) 中的“一”在第三声前面变成第四声；(4) 中的“不”在第四声前变成第二声。

二、基本知识

(一) 汉语的声调

汉语的声调有四个：

第一声　第二声　第三声　第四声

第一声是阴平，调值是55；

第二声是阳平，调值是35；

第三声是上声，调值是214；

第四声是去声，调值是51。

(二) 轻声和变调

1. 轻声

有的音节在词或一句话中失去了原来的声调，读得短且弱，叫轻声。如：

妈妈 māma　饺子 jiǎozi　石头 shítou　好的 hǎo de

2. 变调

语流中，由于音节间的影响，有的音节的调值会发生变化，这就是变调。汉语的变调主要有以下几种情况：

(1) 上声的变调

上声＋上声→阳平＋上声，例如：

水果 shuǐguǒ→shuíguǒ

你好 nǐ hǎo→ní hǎo

(2) “一”的变调

yī＋阴平、阳平、上声→yì＋阴平、阳平、上声，例如：

一天 yī tiān→yì tiān

一盘 yī pán→yì pán

一碗 yī wǎn→yì wǎn

yī＋去声→yí＋去声，例如：

一万 yī wàn→yí wàn
一串 yī chuàn→yí chuàn

（3）“不”的变调

bù＋阴平、阳平、上声→bù＋阴平、阳平、上声，例如：

不高 bù gāo　不甜 bù tián　不好 bù hǎo

bù＋去声→bú＋去声：

不大 bù dà→bú dà
不热 bù rè→bú rè
不去 bù qù→bú qù

三、备考指南

本节的重点：

（一）一声、三声和四声

外国学生常常一声不够高，三声不拐弯，四声下不去。发音时可结合手势，让学生了解第一声的高度，第四声的降低程度，第三声的走势。具体来说，发一声的时候，可让学生把手举到头顶，边水平移动，边练习发第一声；发第四声的时候，把手举到头顶，然后斜着向下滑动，直到手不能再降低为止，边做动作边带着学生发音；发第三声的时候，把手举到眼睛的位置，然后手向下斜着滑动，滑动到一半的时候，手再改为短时水平运动。

（二）轻声

外国学生经常把轻声读成低平调，读得不够短和轻。可通过手势让学生直观地感受到轻声的轻和短的特点。发音时，用手比画前一个声调的走势，到了轻声时，把手往下轻轻地点一下，以示轻声低而短。

(三) 三声和"一""不"的变调

三声该变调的时候，外国学生常常读成本调。初学时，可直接在变调的汉字上标出变调，直到养成习惯为止。"一""不"的变调也可采用同样的方法。

四、模拟练习

第1—10题

我住在学校宿舍（1）里，宿舍离学校很近，走路差不多10分钟。我的宿舍（2）不大，有一张床，一台电视，但是没有厨房，所以不能做饭。宿舍楼的东边有一个小公园，（3）每天有很多人在那里聊天、下棋、跳舞、锻炼身体，有时觉得有点吵。宿舍的西边有（4）一家大超市，里面的东西很多，也很便宜，我常常去那儿买东西。

请选出对话中画线汉字的声调的类别，在A—E中进行选择，其中有一个多余选项。

A. 轻声
B. 四声
C. 二声
D. 一声
E. 三声

1. ________
2. ________
3. ________
4. ________

5. 下列选项中不读轻声的字是：（ ）

A.（宿舍）里　　B.（我）的

C. 一（张）　　D.（西）边

6.“不大”中的“不”与下列选项中的“不”变调一样的是：（　）

A. 不贵　　B. 看不起

C. 不懂　　D. 好不好

7.“东西”外国学生常常说得像“dōngxī”，原因是什么？（　）

A. 把轻声当成了低平调　　B. 母语的影响

C. 受前一个声调的影响　　D. 受变调的影响

8.“一张”中的“一”与下列选项中的“一”变调不同的是：（　）

A. 一台　　B. 一家

C. 一个　　D. 一碗

9.“所以”与下列选项声调不同的是：（　）

A. 水果　　B. 友好

C. 选择　　D. 雨水

10. 第三声的调值是：（　）

A. 55　　B. 35

C. 51　　D. 214

五、知识链接

有关轻声和变调的详细情况，请参见：

1. 黄伯荣，廖序东. 现代汉语（上册）（增订三版）. 北京：高等教育出版社，2002.

2. 刘广徽，金晓达. 汉语普通话语音图解课本（学生用书）（修订版）. 北京：北京语言大学出版社，2011.

第四节　音节

一、案例导入

第 1—2 题

> 我（1）酷爱旅游，来中国虽然只有半年，但是我去过很多有名的地方，比如西安、（2）洛阳、成都、开封、曲阜等，参观过很多名胜古迹，像兵马俑、孔庙、龙门石窟、武侯祠等。通过旅游，我知道了秦始皇、孔子、诸葛亮等历史名人，了解了很多中国的文化，当然也提高了自己的汉语水平。

1. 下列选项中“酷爱”拼写正确的是：（　）

A. kù ài　　B. kùài

C. kù aì　　D. kù’ài

2. 下列选项中“洛阳”中的“阳”声母正确的是：（　）

A. y　　B. i

C. 零声母　　D. Y

答案与解析

1. 答案 D。该题考查对拼写规则的了解和掌握情况。汉语的 a、o、e 开头的音节位于其他音节的后面时，如果音节的界限容易混淆，应在它们前面用上隔音符号“’”。“爱”是 ai，ai 位于“酷”ku 后，容易发成“kuài”，所以，a 前应用上隔音符号“’”。

2. 答案 C。该题考查对零声母的了解和掌握情况。汉语 a、o、e、i、u、ü 单独构成音节或以它们开头的韵母单独构成音节，没有声母，称作“零声母”。“阳”的韵母是“iang”，单独构成音节，尽管拼写为“yáng”，但为“零声母”。

二、基本知识

（一）音节的构成

普通话的音节一般由声母、韵母和声调组成，例如：

kàn	máng	lěng	yǒu
看	忙	冷	有

（二）拼写规则

《汉语拼音方案》对普通话音节的拼写做了具体的规定，主要如下：

1. y 和 w

（1）i、in、ing 单独构成一个音节，i 前要加上 y，例如：

亿 i→yi　　印 in→yin
影 ing→ying

其他 i 开头的韵母单独构成一个音节，i 要变成 y，例如：

鸭 ia→ya　　眼 ian→yan
爷 ie→ye　　洋 iang→yang
有 iou→you　　永 iong→yong

（2）ü 和 ü 开头的韵母单独构成一个音节，ü 前要加上 y，且 ü 上的两点要省去，例如：

语 ü→yu　　月 üe→yue
远 üan→yuan　　云 ün→yun

（3）u 单独构成一个音节，u 前加 w，例如：

五 u→wu

u 开头的韵母单独构成一个音节，u 要变成 w，例如：

哇 ua→wa　　我 uo→wo
外 uai→wai　　为 uei→wei
完 uan→wan　　问 uen→wen

忘 uang→wang　翁 ueng→weng

2. 隔音符号的用法

“a、o、e”开头的音节位于其他音节的后面，如果音节的界限容易混淆，应在它们前面用上隔音符号“’”，例如：

西安 xī’ān→xiān（先）
饥饿 jī’è→jiè（借）

3. 省写

韵母 iou、uei、uen、üen 前面加声母的时候，写成 iu、ui、un、ün，例如：

球 qiú　对 duì　准 zhǔn　军 jūn

ü 与 l、n 相拼时，两点不能省略，其他情况下，一律省略，例如：

绿 lǜ　女 nǚ　略 lüè　虐 nüè
句 jù　去 qù　卷 juǎn　学 xué

4. 标调法

（1）声调要标在音节的主要元音，即韵腹上，例如：

考 kǎo　学 xué　脚 jiǎo　钱 qián　兄 xiōng

（2）韵母 iu、ui，声调要标在 u 和 i 上，例如：

九 jiǔ　对 duì

（3）声调标在 i 上时，i 上的点要去掉，例如：

鸡 jī　气 qì

5. 音节连写和字母大写

（1）同一个词的音节要连写，不同的词之间要分写，例如：

学习 xuéxí　作业 zuòyè
学习汉语 xuéxí Hànyǔ　做作业 zuò zuòyè

（2）人名的姓和名分写，姓和名开头的字母大写，例如：

王明 Wáng Míng　刘小光 Liú Xiǎoguāng　诸葛亮 Zhūgě Liàng

（3）地名中的专名和通名分写，每一分写部分的第一个字母要大写，例如：

北京市 Běijīng Shì　　河北省 Héběi Shěng

（4）已经专名化的称呼连写，开头字母大写，例如：

孔子 Kǒngzǐ　　秦始皇 Qínshǐhuáng

（5）句子开头的字母要大写，例如：

我去。Wǒ qù.

三、备考指南

本节的重点：

（一）y、w 的使用

y、w 的使用，外国学生容易出现错误，他们常常忘记把 i、ü、u 改写为 y 和 w，有时也忘了加 y 和 w。要解决这一问题，只能通过反复练习和强化，让学生形成习惯。

（二）声调标注的位置

声调标注的位置外国学生也容易弄错，特别是韵母为 i 和韵母为 ui 的，常常忘了去掉 i 上的点，而直接把声调标在 i 上。为避免这种错误的发生，可让学生进行强化练习。

（三）隔音符号的使用

隔音符号外国学生非常容易遗忘，可通过列举一些常见的词语的方法，帮助学生了解和掌握，像“西安”“天安门”等。

四、模拟练习

第1—12题

北京现在还有一个地方叫“天桥”，老北京可以说没有不知道的。既然叫“天桥”，想必与水有关系，如果没有水，为什么要造一座桥呢？据张清常教授考证，清乾隆时在现在的虎坊路南端虎坊里一代有无名湖泊，有小河从此往东流经天坛北墙外，分为两岔，一岔与北面的正阳门东河沿联结，流入通惠河，一岔继续绕天坛北墙外、东墙外，流入“外城”南护城河。当这条无名小河尚未流到天坛之前，先与正阳门大街正交，有桥，名为天桥。可见，“天桥”叫“桥”是有根据的。

（摘自《汉语与文化交际》）

1. 下列选项中 y 与其他选项拼写规则不同的是：（　）

A. 以 yǐ　　B. 一 yī
C. 约 yuē　　D. 有 yǒu

2. “虎坊路南段虎坊里一代有无名湖泊”中的“有”拼写正确的是：（　）

A. iǒu　　B. yǒu
C. iǔ　　D. yiǒu

3. 下列选项中 w 与其他选项拼写规则不同的是：（　）

A. 无 wú　　B. 外 wài
C. 为 wéi　　D. 往 wǎng

4. “有小河从此往东流经天坛北墙外，分为两岔”中的“为”拼写正确的是：（　）

A. uéi　　B. wéi
C. uí　　D. wuéi

5. 下列选项中标调位置错误的是哪一项？（　）

A. 水 shǔi　　B. 外 wài
C. 继 jì　　D. 续 xù

6. 下列选项中有四个音素的音节是哪一项？（　）

A. jiào　　B. shàng

C. chéng　　D. liú

7. 下列选项中“张清常”拼写正确的是：（　）

A. Zhāng qīngcháng　　B. Qīngcháng Zhāng

C. Zhāng Qīngcháng　　D. Zhāng Qīng Cháng

8. 下列选项中“通惠河”拼写正确的是哪一项？（　）

A. Tōnghuìhé　　B. tōnghuìhé

C. Tōnghuì Hé　　D. TōnghuìHé

9. 下列选项中第一个字母不应该大写的是：（　）

A. Dōngqiáng　　B. Běijīng

C. Tiān Tán　　D. Hǔfáng Lù

10. 下列选项中“如果没有水”拼写符合规则的是：（　）

A. rúguǒ méiyǒu shuǐ　　B. Rúguǒ méi yǒu shuǐ

C. rúguǒ méi yǒu shuǐ　　D. Rúguǒ méiyǒushuǐ

11. 下列选项中拼写不符合规则的是哪一项？（　）

A. 一座 yīzùo　　B. 考证 kǎozhèng

C. 北墙 běiqiáng　　D. 大街 dàjiē

12. “有关系”注音正确的是：（　）

A. yǒu guān xi　　B. yǒuguānxi

C. yǒuguān xi　　D. yǒu guānxi

五、知识链接

有关拼写规则，请参见周有光（1995）在语文出版社出版的《汉语拼音方案基础知识》中的“附录”：“汉语拼音正词法基本规则”。

第五节　音变

一、案例导入

第 1—4 题

大　卫：给我来一根儿冰（1）棍儿。
售货员：要什么（2）样儿的？有红豆沙的，绿豆沙的，还有巧克力的。
大　卫：有小（3）豆儿的吗？
售货员：有，要几根？
大　卫：两（4）根儿。多少钱？
售货员：三块。

请选出对话中画线汉字韵母对应的儿化韵，在 A—E 中进行选择，其中有一个多余选项。

1. ________
2. ________
3. ________
4. ________

A. [iãr]
B. [uər]
C. [ɑnr]
D. [ər]
E. [our]

答案与解析

答案 1. B、2. A、3. E、4. D。该题主要考查对韵母儿化韵音变规律的掌握情况。（1）的“棍”韵母为 [un]，儿化后应为 [uər]；（2）的“样”韵母为 [iɑŋ]，儿化后应为 [iãr]；（3）的“豆”韵母为 [ou]，儿化后应为 [our]；（4）的“根儿”韵母为 [ən]，儿化后应为 [ər]，所以答案是 B、A、E、D。

二、基本知识

普通话中，单韵母 er 除了自成音节以外，还可以和其他韵母结合成一个音节，使这个韵母变成卷舌韵母，叫“儿化”。“儿化”后的韵母叫“儿化韵”，儿化韵常常使得韵母发生音变。

语气词“啊”出现在其他音节的后面时，也常常发生读音上的变化。

（一）儿化韵

1. 儿化音变规律

（1）-i、-n 韵母，儿化时 i、n 脱落，韵腹卷舌，如：

一会儿 huir [xuər]　　玩儿 wan [uɑr]

（2）-ng 韵母，ng 脱落，韵腹鼻化并卷舌，如：

蛋黄儿 huangr [xuɑ̃r]

（3）-u 和以 a、o、e、u 充当韵腹的韵母，韵母直接加上卷舌作用，如：

小猫 maor [mɑur]　　围脖 bor [por]　　小车 cher [tʂɤr]　　迷糊 hu [xur]

（4）（z）i、（c）i、（s）i 和（zh）i、（ch）i、（sh）i，儿化后 i 变成 [ə]，再加上卷舌作用，如：

字儿 zir [tsər]　　刺儿 cir [ts^{h}ər]　　汁儿 [tʂər]　　事儿 [ʂər]

（5）i、ü 韵母后加上 [ə]，再加上卷舌作用，如：

在理儿 lir [liər]　　有趣儿 qur [tɕ^{h}yər]

2. 儿化的作用

儿化主要有三种作用：区别词义、区别词性、表示感情色彩。

（1）区别词义

有的词儿化后意义发生变化，例如：

头≠头儿　　天≠天儿　　信≠信儿

（2）区别词性

有些词儿化后词性发生变化，例如：

盖（动词）→盖儿（名词）　　花（动词/形容词）→花儿（名词）

尖（形容词）→尖儿（名词）

(3) 表示感情色彩

词语儿化后带有喜爱、细小、亲昵等感情色彩，例如：

表喜爱：猫儿　狗儿　鸟儿
表细小：眼儿　棍儿　瓶儿
表亲昵：（小）王儿　（李）平儿

(二)"啊"的音变

语气词"啊"受前一个音节的影响，读音常常发生变化，具体情况如下：

前字尾音	"啊"的读音	汉字写法	例子
-n	[nɑ]	哪	天哪
-ng	[ŋɑ]	啊	忙啊
-ɑ，-o，-e，-i，-ü	[iɑ]	呀	做呀　别呀　比呀
-u	[uɑ]	哇	好哇
-i [ɿ]	[ɑ], [zɑ]	啊	字啊
-i [ʅ]	[ɑ], [ʐɑ]	啊	有事啊

三、备考指南

本节的重点：

(一) 儿化韵的音变

儿化韵由于写出来是两个汉字，外国学生常常读成两个独立的音节，而不是在原韵母上加上卷舌作用。教师应该强调儿化韵是一个音节，通过反复练习，让学生掌握。

韵母为-ng的，儿化时ng脱落，韵腹鼻化并卷舌，外国学生常常顾此失彼，注意了卷舌，却常常忘了鼻化。教授鼻化作用时可告诉学生像感冒鼻子不通时发出来的音，然后让学生去感受，并模仿、练习。

(二) 儿化韵的作用

儿化韵具有不同的作用，外国学生经常不清楚哪些词应该儿化，哪些词不能儿化，更不清楚儿化后的作用。在介绍儿化韵的时候，应该重点突出儿化韵①的不同作用，让学生明白儿化韵的功能。

(三)“啊”的音变

由于“啊”受前一个音节的影响，发生读音上的变化，外国学生常常搞不清楚什么情况下读什么音，可把音变列表发给学生，让学生按图索骥，多练习。

四、模拟练习

第1—12题

李　刚：谁（1）啊？请进！
王　平：老李，是我。
李　刚：是小王儿啊。来来来，我刚才买了一些水果，你尝尝。
王　平：那我就不客气了。嗯，你买的苹果真香（2）啊！
李　刚：找我有事儿（3）啊？
王　平：不好意思，我想请你帮个忙儿，想借你的自行车用一下儿。
李　刚：好（4）啊！（来电话了）对不起，你等一会儿，我先接个电话。
（一会儿以后）车在楼下，这是钥匙。
王　平：谢啦！
李　刚：客气什么啊？你有事儿，赶快走吧。没事儿再来玩儿。

请选出对话中画线汉字对应的发音，在A—E中进行选择，其中有一个多

① 北京话的轻声、儿化现象比较宽泛，普通话只是酌取。

余选项。

1. ________
2. ________
3. ________
4. ________

A. [uɑ]
B. [ʐɑ]
C. [ŋɑ]
D. [iɑ]
E. [zɑ]

5.“事儿”注音正确的选项是：（ ）

A. [ʂer]　　B. [ʂier]

C. [ʂir]　　D. [ʂər]

6. 下列选项中与“会儿”儿化韵相同的是：（ ）

A. 字儿　　B. 味儿

C. 事儿　　D. 印儿

7. 下列选项中儿化后有区别词性作用的是哪一项？（ ）

A. 王儿　　B. 事儿

C. 忙儿　　D. 桥儿

8. 下列选项中儿化词感情色彩与其他的不同的是：（ ）

A. 王儿　　B. 事儿

C. 果儿　　D. 车儿

9.“什么啊”中“啊”的读音是：（ ）

A. [ɑ]　　B. [iɑ]

C. [uɑ]　　D. [ŋɑ]

10. 与“好啊”中的“啊”读音相同的选项是：（ ）

A. 甜啊　　B. 妹啊

C. 酒啊　　D. 窝啊

11. 与“头儿”中的“儿”有相同作用的选项是：（　）

A. 忙儿　　B. 会儿

C. 玩儿　　D. 天儿

12. “小王儿”中“儿”的作用是：（　）

A. 表示细小　　B. 表示亲昵

C. 表示喜爱　　D. 区别意义

五、知识链接

有关儿化韵和“啊”的音变的详细情况，请参见：

1. 北京大学中文系现代汉语教研室. 现代汉语（增订本）. 北京：商务印书馆，2012.

2. 刘广徽，金晓达. 汉语普通话语音图解课本（学生用书）（修订版）. 北京：北京语言大学出版社，2011.

第二章 汉字

第一节 汉字的形体

一、案例导入

第1题

> 汉字产生以来，形体经历了多次变化。目前见到的最早的文字是甲骨文，其后经历了金文、大篆、小篆、隶书、楷书、草书和行书，总的趋势是趋于简化和规范化。

“隶书”是从哪种字体演变来的？（ ）

A. 甲骨文　　B. 隶书

C. 金文　　D. 小篆

答案与解析

答案D。该题考查对字体演变情况的了解。“隶书”是由小篆减省而成的，开始于秦朝。

二、基本知识

（一）汉字的形体

目前见到的最早的文字是甲骨文，甲骨文之后，汉字的形体多次发生变化，经历了金文、大篆、小篆、隶书、楷书、草书和行书等形体。

1. 甲骨文

甲骨文是殷商时期通行的文字，因刻在龟甲和兽骨上而得名，是中国目前见到的最早的文字。

2. 金文

金文是古代青铜器上铸造的或镌刻的文字。最早的金文出现在殷商时期，铭文常常只有一个或几个字。西周时期，铭文多了，字形也形成了自己的特点。因此，金文主要指西周青铜器上的文字。

3. 大篆

大篆是指春秋战国时期通行于秦国的一种字体，也叫“籀文”。大篆是在金文的基础上演变而来的，笔画比金文更均匀，结构也比金文更工整。

4. 小篆

小篆是秦统一六国后通行于全国的标准字体，它是在大篆的基础上发展而来的。

5. 隶书

隶书开始于秦代，是由小篆减省而成的字体，因常用于办理徒隶的事务，故称“隶书”。到了汉代，隶书成为通行的字体。

6. 楷书

楷书出现在汉末，盛行于魏晋南北朝，是在隶书的基础上发展出来的。楷书的出现标志着汉字的定型，直至今日仍在使用，是使用时间最长的字体。

7. 草书

草书始于东汉，有“章草”“今草”“狂草”之别。

8. 行书

行书流行于晋代，是在楷书的基础上演变而来的。

(二) 繁体字和简化字

从甲骨文到现在，汉字已有三千多年的历史。在三千多年的历史长河中，汉字虽然总体上呈简化的趋势，但直到20世纪50年代，汉字总体上还是比较繁复。为便于学习、书写，中国政府对汉字进行了简化。简化以前的汉字称作繁体字，简化以后的汉字称作简体字。例如：

繁体字	简体字
龍	龙
馬	马
衛	卫

三、备考指南

本节的重点：

1. 掌握汉字形体的演变以及八种字体产生的时代和相互之间的继承关系。

2. 掌握常用繁体字对应的简体字以及简体字对应的繁体字。

四、模拟练习

第1—4题

请选出对话中画线汉字对应的繁体字，在A—E中进行选择，其中有一个多余选项。

售货员：你好！(1) 买点什么？
大　卫：有汉字 (2) 练习本吗？
售货员：有哇，要几个？
大　卫：三个。多少 (3) 钱？
售货员：九块六。
大　卫：再给我来一个 (4) 面包。
售货员：一共十八块。

1. ________
2. ________
3. ________
4. ________

A. 麺
B. 銭
C. 練
D. 錢
E. 買

第 5—11 题

请选出带序号汉字对应的字体，在 A—E 中进行选择，其中有一个多余选项。

5. 馬　　6. 　　7. 狮　　8. 

5. ________
6. ________
7. ________
8. ________

A. 草书
B. 隶书
C. 行书
D. 楷书
E. 小篆

9. 草书起源于哪个时代？（　）

A. 唐代　　B. 宋代
C. 东汉　　D. 秦代

10. 汉字的发展经历了几种形体？（　）

A. 5　　B. 6
C. 7　　D. 8

11. 下列哪个选项是正确的？（　）

A. 小篆→大篆→隶书　　B. 隶书→楷书→行书
C. 草书→隶书→行书　　D. 楷书→隶书→草书

五、知识链接

有关繁体字和简体字的详细情况，请参见：

1. 北京大学中文系现代汉语教研室. 现代汉语（增订本）. 北京：商务印书馆，2012.

2. 黄伯荣，廖序东. 现代汉语（上册）（增订三版）. 北京：高等教育出版社，2002.

第二节　汉字的结构

一、案例导入

第 1—2 题

在中国，现在兴起了减肥热，特别是年轻的女性，她们不但希望自己的身材好，而且希望自己的身材凹（1）凸有形，能够吸引年轻异性的目光，赚得更多的回头率。为了达到这一目的，有些本来已经很（2）瘦的年轻女性，也盲目地加入了减肥的行列。不正确的减肥，不仅达不到目的，反而会伤害身体，得不偿失。

1. 短文中“凸”字的第二笔是：（　）

A. 横　　B. 横折　　C. 横折横　　D. 横折横折

2. 短文中“瘦”的笔画数是多少？（　）

A. 14　　B. 12　　C. 13　　D. 15

答案与解析

1. 答案 A。该题考查对一些复杂汉字笔画的掌握情况。“凸”字第一笔是竖，第二笔是横，而不是横折横折。为了解决学生书写中笔顺掌握不好的问题，可对汉字进行分解式教学，按笔画顺序逐笔让学生进行书写练习。

2. 答案 A。该题考查对一些复杂汉字笔画数量的掌握情况。“瘦”字“疒(nè)”字旁笔画数很清楚，但是“叟”的笔画数容易弄错。为了让学生把笔画书写正确，可把“叟”单独进行展示，以加深学生的印象。

二、基本知识

（一）汉字的结构单位

汉字是由笔画和部件构成的，因此笔画、部件就是汉字的结构单位。

1. 笔画

笔画是汉字最小的结构单位。汉字的基本笔画有八种：
点、横、竖、撇、捺、提、折、钩
汉字笔画的书写是有顺序的，这就是笔顺。汉字笔顺的书写规则一般是：
先横后竖：十
先撇后捺：人
从上到下：早
从左到右：休
先外后内：同
先中间后两边：水

2. 部件

由笔画组成的，具有组配汉字功能的构字单位，一般大于笔画，小于整字。例如：

花＝艹＋化
红＝纟＋工
建＝廴＋聿
赢＝亡＋口＋月＋贝＋凡

汉字的部件很多具有定位性，即有固定的位置。有的只能位于汉字的上方，例如：

草　药　家　安

“草”“药”的草字头，“家”“安”的宝盖头只能位于上方。
有的只能位于左边，例如：

江　河　海

这些字中的“三点水”只能位于左边。
也有一些只能位于右边，例如：

列　到　利

这些字中的“立刀”只能位于右边。
还有的只能位于底部，例如：

想　感　忘

这些字中的“心”只能位于底部。

部件和部件组合主要有以下方式：

上下结构：亲　笔　花　驾

左右结构：体　明　攻　江

上中下结构：草　羸　合　意

左中右结构：辩　鞭　咻　健

全包围结构：团　困　围　园

半包围结构：风　区　凶　闻

穿插结构：秉　束

（二）造字法

从造字的角度来看，汉字主要有象形、指事、会意、形声四种。

1. 象形字

象形字就是用描画事物形状的方法造的字，例如：

日 

山 

水 

“日”甲骨文是“”，像太阳；“山”甲骨文是“”，像山；“水”甲骨文为“”，像流水。

2. 指事字

指事字是指用象征性符号，或在象形字上加上符号来表示某个事物或事物特点的字。例如：

刃 

本 

“刃”甲骨文是“”，“”像刀，用“/”指示刀口，即“刃”；“本”甲骨文写作“”，“”是“木”，用“一”指示树的根部。

3. 会意字

用两个或几个字组成一个字，把这几个字的意义合成一个意义的字，例如：

森 

休 

“森”甲骨文写作“”，“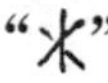”即“木”，三棵树木在一起，表示森林；“休”甲骨文是“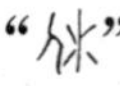”，“”是一个人，“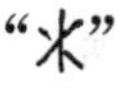”是一棵树，人倚在树上，表示休息。

4. 形声字

形声字是指利用形旁和声旁组成的字，形旁也叫意符，表示该字的意义类属；声旁也叫声符，表示该字的读音，例如：

汪“氵”是形旁，“王”是声旁。

箱“竹”是形旁，“相”是声旁。

三、备考指南

本节的重点：

(一) 掌握汉字的笔画和笔顺

外国学生常常把形近的笔画混在一起，也常常不按照笔顺书写汉字，很容易出现一些错字。要解决这一问题，应加强笔画教学，特别是要把形近的笔画进行对比，指出它们的异同，并进行强化练习。

(二) 了解、掌握常见的象形字、指事字、会意字和形声字

象形、指事、会意和形声是汉字的造字方法，了解这些方法造的常见的汉字并适当运用到教学中去，以提高学生学习汉字的兴趣，使学生知其然，并知其所以然，帮助学生更好地理解、掌握汉字。

四、模拟练习

第 1—15 题

中国的饮食文化举世闻名，这不仅表现在中国的食物非常丰富，种类非常繁多，而且表现在（1）烹制方法（2）上有自己独（3）特的一面，并且各地有各地的特色，形成了著名的八大菜系和满汉全席。所谓八大菜系，是指（4）川菜、鲁菜、粤菜、淮扬菜、湘菜、浙菜、闽菜、徽菜。这八大菜系中，又以川菜、鲁菜、粤菜、淮扬菜最有名，它们已经称誉世界，为世人所熟知。

请在 A—E 中选出带序号的汉字的造字方法，其中有一个多余选项。

1. ________
2. ________
3. ________
4. ________

A. 象形字
B. 指事字
C. 会意字
D. 形声字
E. 独体字

5. 短文中“世”字的第一笔是：（ ）
A. 横　　B. 竖　　C. 竖折　　D. 竖折竖

6. 短文中“繁”字的组成部件是几个？（ ）
A. 2 个　　B. 3 个　　C. 4 个　　D. 5 个

7. 短文中的“为”外国学生容易写成“为”，原因是什么？（ ）
A. 笔顺问题　　B. 笔画问题
C. 结构问题　　D. 其他字的干扰

8. 短文中的“菜”外国学生容易写成“莱”，原因是：（ ）
A. 笔画问题　　B. 结构问题
C. 笔顺问题　　D. 部件问题

9. 短文中“形”外国学生有时写成“幵”，原因是什么？（ ）

A. 笔顺问题　　B. 结构问题

C. 笔画问题　　D. 部件位置问题

10. 与短文中“闻”的造字法相同的选项是：（ ）

A. 笔　　B. 江　　C. 上　　D. 瓜

11. 与短文中“本”的造字法相同的选项是：（ ）

A. 末　　B. 川　　C. 休　　D. 刀

12. 短文中的“满”有多少笔画？（ ）

A. 12　　B. 13　　C. 14　　D. 15

13. 汉字的基本笔画有几种？（ ）

A. 6　　B. 7　　C. 8　　D. 9

14. 汉字的部件组合方式有几种？（ ）

A. 5　　B. 6　　C. 7　　D. 8

15. 与“最”字结构相同的选项是：（ ）

A. 徽　　B. 满　　C. 菜　　D. 世

五、知识链接

有关汉字的结构的详细情况，请参见：

1. 北京大学中文系现代汉语教研室. 现代汉语（增订本）. 北京：商务印书馆，2012.

2. 黄伯荣，廖序东. 现代汉语（上册）（增订三版）. 北京：高等教育出版社，2002.

第三节 同音字、多音字和形近字

一、案例导入

第 1 题

> 大　卫：今天玩得怎么样？
> 山　本：玩（1）得挺好的，我和朋友一起爬了长城，还吃了北京烤鸭。
> 大　卫：长城好玩吗？
> 山　本：长城建在山上，朝远处望去，高高低低，像一条巨龙卧在山峰上，非常雄伟，也非常（2）的壮观，真（3）的是一个奇迹。
> 大　卫：听你这么一说，我真后悔没有跟你一起去。
> 山　本：没关系，这次我还没玩够，下次我陪你去，我们再好好儿（4）地玩一次。

短文中“de”字错误的一个是：（　）

A.（1）　　B.（2）

C.（3）　　D.（4）

答案与解析

答案 B。该题考查对同音字“的”“得”“地”的掌握情况。“的”是定语的标记，“得”是补语的标记，“地”是状语的标记。（2）中的“非常”是状语，但是用了“的”，所以是错误的。（3）中的“真的”也是状语，但是由于“真的”是一个词，所以“的”不应该是“地”。（4）的“好好儿”也是状语，后边可以用“地”。

二、基本知识

（一）同音字

汉语有大量的同音字，例如：

同　铜　桐　童

饭　泛　范　犯

才　材　财

正因为如此，书写时很容易写别字，例如：

英雄倍（辈）出　按步（部）就班　浪废（费）金钱　坚（艰）难困苦　言简意该（赅）

（二）多音字

汉语也有很多多音字，例如：

还 hái、huán
得 dé、děi、de
着 zháo、zhuó、zhe

多音字主要有三种情况：

1. 词性不同，读音不同，例如：

还 hái（副词）　还 huán（动词）
干 gān（形容词）　干 gàn（动词）

2. 书面语和口语读音不同，例如：

血 xiě（口语）　血 xuè（书面语）
（太）阳 yang（口语）　（太）阳 yáng（书面语）

3. 用于地名、姓氏等读音不同，例如：

中华（huá）人民共和国　华（Huà）山
检查（chá）　姓查（Zhā）

（三）形近字

汉语不少汉字形体相近，因此很容易混淆，例如：

己—已　天—夭　厅—斤　力—刀　找—我　动—幼　运—远

三、备考指南

本节的重点：

(一) 掌握多音字的不同读音的使用场合

外国学生常常把多音字的读音读错，要解决这一问题，必须把多音字放在具体的语境中进行教学，帮助学生区分多音字出现的场合。

(二) 了解、掌握形近的字

外国学生经常把要书写的汉字误写成一个形近的字，要解决这一问题，必须把形近的汉字放在一起进行对比教学，突出形近字的不同之处，并进行组词等强化练习。

四、模拟练习

第 1—5 题

昨天查老师请我们班同学到他家去（1）做客。我们和查老师的家人一起做中国菜，包饺子。虽然只有八个同学，但是查老师却做了一桌子的（2）菜，有鱼，有鸡，还有麻婆豆腐、宫保鸡丁等。我们还喝了中国有名的白（3）酒。这种酒很（4）厉害，但是非常香，非常好喝，我们差不多都喝醉了。

1. 短文中的“查”外国学生容易读成“chá”，原因是什么？（　）
   A. 同音字问题　　B. 部件问题
   C. 造字法问题　　D. 多音字问题

2. 短文中的“酒”外国学生容易写成“洒”，是什么原因？（　）
   A. 造字法问题　　B. 字形相近

C. 结构问题　　D. 多音字问题

3. 短文中的“厉”外国学生容易写成“历”，原因是：（　）

A. 同音字的干扰　　B. 形近字和同音字的干扰

C. 造字法的干扰　　D. 多音字的干扰

4. “差”可以读成“chà”，也可以读成“chāi”，这种读音不同属于哪种情况？（　）

A. 用于姓氏和非姓氏的不同　　B. 口语和书面语的不同

C. 用于地名和非地名的不同　　D. 词性和语义不同

5. “查”可以读成“chá”，也可以读成“Zhā”，这种读音不同属于哪种情况？（　）

A. 口语和书面语的不同　　B. 词性不同

C. 用于地名和非地名的不同　　D. 用于姓氏和非姓氏的不同

第 6—8 题

大　卫：你知道吗？中国现在非常厉害。

山　本：你刚来中国，你怎么知道的？

大　卫：今天逛街的时候，我看到很多地方都写着“中国很行”“中国人民很行”“中国工商很行”“中国交通很行”“中国商业很行”……所以，我觉得中国什么都很厉害！

山　本：你搞错了，不是“中国很行”，是“中国银行”；不是“中国人民很行”，是“中国人民银行”……你的汉字还要加油啊！

大　卫：不好意思，我看错了。

6. 对话中大卫把“中国银行”看成了“中国很行”，原因是什么？（　）

A. 同音字的干扰　　B. 形近字的干扰

C. 词语的干扰　　D. 多音字的干扰

7. “觉得”中的“觉”外国学生容易写成“觉”，是什么原因？（　）

A. 造字法　　B. 形近字

C. 多音字　　　　D. 部件相近

8. 和“厉”不是形近字的是：（　）

A. 力　　　　B. 历

C. 励　　　　D. 厘

五、知识链接

有关同音字、多音字和形近字的详细情况，请参见：

黄伯荣，廖序东. 现代汉语（上册）（增订三版）. 北京：高等教育出版社，2002.

第三章 词汇

词汇是一种语言词语的总和，不仅包括词，还包括各种熟语等。

第一节 词汇的单位和词的构造

一、案例导入

第1—2题

> 大　卫：请问，有我穿（1）的西服和鞋吗？
> 售货员：您多高？鞋的号码是多少？
> 大　卫：两米零二，鞋是50码的。
> 售货员：您的个（2）子太高了，脚也太大了，我们这儿没有，您到别的商店去看看吧。
> 大　卫：我去（3）了很多地方，都没有。
> 售货员：对了，我们这儿可以定做，您定做（4）吧。
> 大　卫：真的吗？太好了！

1. 下列选项中的不成词语素是：（　）

A.（1）的　　B.（2）子　　C.（3）了　　D.（4）吧

2. 下列选项中哪一个不是词根？（　）

A. 西　　B. 码　　C. 子　　D. 方

答案与解析

1. 答案B。该题主要考查对成词语素和不成词语素的了解和掌握情况。A、C、D都是成词语素，B的“子”不能单用，只能组词，是不成词语素。

所以答案是B。

2. 答案C。该题考查对词根语素的了解和掌握情况。合成词中意义实在，能够出现在不同位置上构成合成词的是词根语素，A、B、D的“西”“码”“方”意义实在，因此是词根语素。C的“子”意义很虚，所以不是词根语素。

二、基本知识

（一）词汇的单位

词是语言中最小的能够独立使用的音义结合体。词是由语素构成的，语素是最小的音义结合体。

现代汉语的语素大部分是单音节的，例如：

大　小　多　少

也有很多是双音节或多音节的，例如：

蜘蛛　可乐　沙发　荒唐
巧克力　可卡因　可口可乐

根据语素的构词能力，可以把语素分成两类，一类是成词语素，一类是不成词语素。

成词语素是指能够单独成词的语素，例如：

高　长　热　冷

不成词语素是指不能单独成词的语素，只能与其他语素一起构成词，例如：

子（桌子）　头（石头）　性（男性）　迷（球迷）

（二）词的构造

1. 单纯词

只含有一个语素的词是单纯词，例如：

人　手　教　学

单纯词可以是单音节的，也可以是双音节和多音节的。例如：

玻璃　沙发　冰激凌　必胜客

双音节和多音节的单纯词又可以分为联绵词、音译词。

联绵词是指双音节的单纯词，它可以进一步分为双声的、叠韵的和非双声叠韵的，例如：

双声的：吩咐　伶俐　仿佛

叠韵的：骆驼　逍遥　联绵

非双声叠韵的：蝴蝶　玛瑙　妯娌

音译词是指把一种语言的词语用另一种语言中跟它音相同或相近的语音表示出来的词语，例如：

幽默　探戈　贝多芬　马克思

2. 合成词

由两个或两个以上的语素构成的词叫合成词。合成词中意义实在，能够出现在不同位置上构成合成词的是词根，例如：

人民　工人　人工

其中的“人”是词根。

意义很虚，不能自由出现在合成词的各个位置上，只能出现在词根前面或后面的是词缀，例如：

老师　老鼠　桌子　馒头

其中的“老”“子”“头”意义都很虚，“老”只能出现在词根前面，“子”“头”只能出现在词根后面，所以都是词缀。

词缀可以根据出现的位置分为前缀和后缀两种，上面的“老”是前缀，“子”“头”是后缀。

合成词按照组成语素的重要性以及它们之间的关系，可分为三种：复合式、附加式和重叠式。

(1) 复合式

由两个不同的词根组合而成的是复合式，复合式可以根据两个词根之间的关系进一步分为五类：

A. 并列式

两个词根在意义上地位是平等的，例如：

快乐　研究　因果　条件　学习　制度　合并

B. 偏正式

前一个词根对后一个起着修饰或限制的作用，例如：

大学　中学　脾气　车胎　水手　爆破　盲从

C. 述宾式

前一个词根表示动作行为，后一个词根表示动作行为涉及或作用的对象，例如：

结婚　见面　生气　道歉　吵架　找茬　分手

D. 主谓式

前一个词根是被陈述的对象，后一个词根是对前一个的陈述或说明，例如：

雪白　地震　心疼　火热　耳鸣　年轻　瓜分

E. 述补式

前一个词根表示动作行为，后一个词根表示动作行为的结果或趋向，例如：

看见　打倒　停止　降低　升高　改正　超过

（2）附加式

由词根和词缀构成的合成词是附加式。附加式又分为两类：词根＋词缀、词缀＋词根。

A. 词根＋词缀

前一个语素是词根，后一个语素是词缀，例如：

椅子　花儿　舌头　作家　作者
热乎乎　酸溜溜　毛茸茸　喜滋滋

B. 词缀＋词根

前一个语素是词缀，后一个语素是词根，例如：

老板　阿姨　第一

（3）重叠式

词根重叠起来构成的合成词是重叠式，例如：

妈妈　弟弟　妹妹　星星

3. 简称

简称是事物的名称或固定词组简化了的称谓。简称主要有以下几种方式：

（1）选取每一个词的前一个语素，例如：

北京大学→北大　文学、历史、哲学→文史哲
高级中学→高中

（2）省略前一个词和后一个词中相同的语素，例如：

教员、职员→教职员　工业、农业→工农业　理科、工科→理工科

（3）选取前一个词的前一个语素，后一个词的后一个语素，例如：

军人家属→军属　法兰西共和国→法国　美利坚合众国→美国

（4）选取名称中有代表性的语素或词，例如：

安全理事会→安理会　物理学→物理　北京→京

（5）用别的词代替，例如：

山东→鲁　上海→沪　广东→粤

（6）概括几个词语表示的事物的共性，加一个数词组成简称，例如：

道德好、学习好、体育好→“三好”
严以修身、严以用权、严以律己→“三严”
谋事要实、创业要实、做人要实→“三实”

三、备考指南

本节的重点：

（一）掌握汉语语素的类别

掌握汉语语素的类别，能够具体分析某一个语素属于哪种类型。

（二）掌握汉语词语的类型

掌握汉语词语的类型，能够对单纯词、合成词的各种类型做具体的分析和判断。

（三）掌握词语简称的方式

掌握词语简称的方式，能够对各种简称的词语做具体分析和判断。

四、模拟练习

第 1—8 题

请选出下列各组词所属的构词方式，在 A—I 中进行选择，其中有一个多余选项。

1. 蹒跚　可乐　牢骚　蜿蜒　（　　）
2. 革命　争气　失策　跑电　（　　）
3. 崎岖　恍惚　荏苒　鸳鸯　（　　）
4. 打倒　取消　破碎　推翻　（　　）
5. 地震　海啸　瓜分　日食　（　　）
6. 迷你　尼龙　派克　万宝路　（　　）
7. 遍布　大举　蜂拥　拥挤　（　　）
8. 访问　学习　休息　研究　（　　）

A. 附加式
B. 述补式
C. 并列式
D. 主谓式
E. 偏正式
F. 述宾式
G. 双声
H. 叠韵
I. 音译

第 9—17 题

> 在国外，海外华人喜欢居住在同一个地区或地方，以便互相关照，聆听乡音，久而久之，形成一定规模，就变成了唐人街或中国城。目前，唐人街和中国城已经遍布世界各地，据 2011 年 1 月 29 日的《北京晚报》报道，英国路透社的记者报道了世界上十大唐人街，如，纽约曼哈顿的唐人街、法国巴黎十三区的唐人街、澳大利亚墨尔本的唐人街等，这些唐人街历史悠久，而且各有特色，成了当地的一道风景和旅游景点。
>
> （摘自《汉语与文化交际》）

9. 下列选项中的成词语素是：（ ）
   A. 聆　B. 唐　C. 悠　D. 如

10. 下列选项中哪一个是不成词语素？（ ）
   A. 城　B. 等　C. 街　D. 便

11. 下列选项中属于单纯词的是：（ ）
   A. 路透社　B. 纽约　C. 唐人街　D. 遍布

12. 下列选项中哪一个不是复合式词？（ ）
   A. 居住　B. 例子　C. 目前　D. 地方

13. 下列选项中构词方式与其他的不同的是：（ ）
   A. 国外　B. 地区　C. 互相　D. 喜欢

14. 下列选项中哪一个词的构词方式不属于偏正式？（ ）
   A. 海外　B. 华人　C. 聆听　D. 遍布

15. 下列选项中哪一个词的构词方式不属于并列式？（ ）
   A. 已经　B. 报道　C. 喜欢　D. 居住

16. 下列选项中与“桌子”的构词方式相同的是哪一项？（ ）
   A. 地方　B. 以便　C. 乡音　D. 记者

17. “学者”的构词方式是：（　）

A. 词根＋词根　　B. 词缀＋词根

C. 词根＋词缀　　D. 简称

第 18—21 题

北大化学系肇始于 1910 年成立的京师大学堂格致科化学门，是国立大学中最早设立的化学系，1994 年更名为化学与分子工程学院。化学学院现有教职员 203 人，其中专任教师 130 多名，包括教授 64 人和副教授 68 人。教师中含有中科院院士 10 人，教育部长江学者特聘教授 22 人，国家自然科学基金委员会杰出青年基金获得者 39 人，中组部“千人计划”1 人和“青年千人”10 人，国家级教学名师 1 人，北京市教学名师 3 人，国家级“百千万人才”9 人以及新世纪人才 13 人等。

（改编自北京大学化学与分子工程学院网站）

18. 短文中的“化学学院”的简称方式是：（　）

A. 选取每一个词的前一个语素

B. 选取名称中有代表性的语素或词

C. 选取前一个词的前一个语素，后一个词的后一个语素

D. 省略前一个词和后一个词相同的语素

19. 短文中的“教职员”的简称方式与哪个选项相同？（　）

A. 德国　　B. 清华

C. 理工科　　D. 文史哲

20. 短文中“专任”的构词方式是：（　）

A. 动补式　　B. 并列式

C. 偏正式　　D. 主谓式

21. 与短文中的“设立”构词方式相同的选项是：（　）

A. 分手　　B. 看见

C. 银白　　D. 学习

五、知识链接

有关词汇的单位和词的构造的详细情况，请参见：

1. 北京大学中文系现代汉语教研室. 现代汉语（增订本）. 北京：商务印书馆，2012.

2. 黄伯荣，廖序东. 现代汉语（上册）（增订三版）. 北京：高等教育出版社，2002.

第二节　词义的构成和词义的类别

一、案例导入

第1—2题

我以前不喜欢汉语，因为我听朋友们说，汉语发音非常难，汉字很难记，也很难写。今年夏天，我的几个朋友要去中国学习汉语，我父母听到这个消息以后，就（1）鼓励我跟他们一起去。开始我不同意，后来父母告诉我，说如果我同意去中国学习汉语，就给我买一部苹果6手机。我非常喜欢苹果手机，所以马上就答应了。现在，我在中国学习汉语都一个多月了，我觉得汉语并没有朋友说的那么难，（2）回国以后我决定继续学下去。

1. 句（1）中的“鼓励”外国学生有时误用为“怂恿”，原因是什么？（　）
   A. 意思错误　　B. 感情色彩错误
   C. 词性错误　　D. 语体色彩错误

2. 句（2）中的“下去”用的是什么意义？（　）
   A. 本义　　B. 比喻义
   C. 引申义　　D. 基本义

答案与解析

1. 答案B。该题考查对词语感情色彩的了解和掌握情况。“怂恿”也是“鼓励”的意思，但是贬义词，外国学生常常忽视它们感情色彩上的差异，把它们混用起来，因此答案是B。

2. 答案C。该题考查对“下去”意义的了解和掌握情况。“下去”是趋向动词，本义表示事物离开说话人由高处向低处移动，句（2）中的“下去”表示“从现在继续到将来”，是引申义，所以答案是C。

二、基本知识

(一) 词义的构成

词义既包括理性意义，也包括色彩意义。

1. 理性意义

词是对客观事物的反映，它的概念意义就是词的理性意义，例如：

饭：煮熟的谷类食品。
高：从下向上距离大。

2. 色彩意义

词除了具有理性意义以外，很多还有附着在理性意义上的色彩意义，色彩意义主要有感情色彩和语体色彩两种。

(1) 感情色彩

感情色彩是说话人对词所反映的客观事物的好恶等感情。词的感情色彩有三种：褒义、贬义、中性，人们对事物持肯定、褒扬的态度，就是褒义色彩；对事物持否定、厌恶的态度，就是贬义色彩；对事物持中立的态度，就是中性色彩，例如：

褒义色彩	贬义色彩	中性色彩
好	坏	高
帅	丑	说
漂亮	难看	快速
优秀	差	介绍
正直	马虎	书

(2) 语体色彩

有些词由于经常使用于某种语体中，因而就具有了该语体的风格或色彩。汉语词语的语体色彩主要有两种：书面色彩和口语色彩。有些词语经常用于书面语中，因而具有书面色彩；有些词语常在口语中使用，所以就具有了口语色彩，例如：

书面色彩	口语色彩
今日	今儿
批评	说
归还	还
锋利	快
肥胖	胖

（二）词义的类别

一个词往往有多个意义，这些意义有本义、基本义、引申义和比喻义之分。

1. 本义

有文献记载的词的最早的意义是本义，例如：

兵：兵器。
汤：热水；开水。

2. 基本义

词的现在最常用的意义是基本义，例如：

兵：军队中的最基层成员。
汤：烹调后汁儿特别多的副食。

3. 引申义

从本义、基本义发展出来的意义是引申义，例如：

好：①优点多的；使人满意的（跟“坏”相对）；②合宜；妥当。
户：①门；②人家；住户。

《现代汉语词典》（第7版）中“好”的第二个义项是从第一个义项引申出来的；“户”的第二个义项是从本义“门”引申出来的。

4. 比喻义

从词的比喻用法发展出来的意义是比喻义。比喻义有的是本义的比喻义，有的是基本义的比喻义，例如：

筛：①筛子；③比喻经挑选后淘汰。

火：①物体燃烧时所发的光和焰；⑦比喻发怒。

《现代汉语词典》（第 7 版）中“筛”的本义是筛子，第三个义项是本义的比喻义；“火”的基本义是“物体燃烧时所发的光和焰”，第七个义项是基本义的比喻义。

三、备考指南

本节的重点：

（一）了解、掌握词义的构成

了解、掌握词义的构成，能够具体分析某一个词的理性意义和色彩意义。

色彩意义，外国学生容易忽视，使用的时候常常出现色彩意义错误的情况，教学时应告诉学生每个词语的色彩意义，特别是感情色彩，并让学生掌握。

（二）了解、掌握词义的类别

了解、掌握词义的类别，能够对某个具体的词语的意义进行正确的归类。

四、模拟练习

第1—5题

请选出下列各组词对应的色彩，在A—E中进行选择。

1. 好 优秀 漂亮 进步 ( )
2. 大 小 便宜 结果 ( )
3. 矮 破坏 急躁 痛苦 ( )
4. 天儿 今儿 明儿 花儿 ( )
5. 批评 归还 锋利 高寿 ( )

A. 口语
B. 褒义
C. 书面语
D. 中性
E. 贬义

第6—10题

去年我和爸爸、妈妈去中国（1）访问，我们去了北京、青岛、上海、广州、成都和西藏，差不多游览了大半个中国。我们每到一个地方，都去参观名胜古迹，品尝那个地方的（2）食物。为了提高我的汉语水平，我还主动和当地的人（3）谈话，我发现每个地方说的话都不太一样，有的地方说的话完全听不懂。让我非常吃惊的是，有的地方的老人听不懂普通话。

这次（4）游览虽然只有半个多月，但收获特别大，不但看到了美丽的风景，了解了中国文化，更重要的是我的听说能力也有了难以置信的提高。我发现，旅游是一个学习汉语的好方法。

6. 短文中（1）—（4）的词语使用都不当，原因是什么？( )
   A. 感情色彩问题　　B. 语体色彩问题
   C. 词性问题　　D. 意义问题

7. 短文中的“难以置信”使用不当，原因是：( )
   A. 词性问题　　B. 理性意义问题
   C. 语体色彩问题　　D. 感情色彩问题

8. 短文中“收获”用的是哪种意义？（ ）

A. 贬义　　B. 引申义

C. 比喻义　　D. 本义

9. 短文中“主动”的色彩是什么？（ ）

A. 中性　　B. 褒义

C. 贬义　　D. 口语

10. 短文中“吃惊”的色彩是什么？（ ）

A. 褒义　　B. 贬义

C. 中性　　D. 书面语

五、知识链接

有关词义的构成和词义的类别的详细情况，请参见：

1. 北京大学中文系现代汉语教研室. 现代汉语（增订本）. 北京：商务印书馆，2012.

2. 黄伯荣，廖序东. 现代汉语（上册）（修订三版）. 北京：高等教育出版社，2002.

第三节　词的类别

一、案例导入

第 1 题

大　卫：下个星期我的中国朋友结婚，他请我参加，我应该做什么？
李　明：你应该（1）意思意思。
大　卫：什么是“意思意思”？
李　明：“意思意思”的（2）意思就是应该给他买点礼物。
大　卫：噢。他是我的好朋友，我给他买一个 iPad，怎么样？
李　明：够（3）意思！
大　卫：什么是“够意思”？
李　明：就是说你做得相当不错。
大　卫：你说的话真有（4）意思。

对话中句（1）（2）（3）（4）画线的四个“意思”是：（　）

A. 同音词　　B. 单义词
C. 多义词　　D. 不同的词

答案与解析

答案 C。该题考查对词的类别的了解和掌握情况。对话中（1）（2）（3）（4）的“意思”是同一个词，但意义不同，是多义词，因此答案是 C。

二、基本知识

（一）单义词

只有一个义项的词是单义词，例如：

星星　平米　满意　三文鱼

（二）多义词

有多个义项的词叫多义词，多义词的各个意义之间有一定的联系，例如：

红色：①像鲜血的颜色；②象征革命或政治觉悟高的。

忙：①事情多，不得空（跟“闲”相对）；②急迫不停地、加紧地做。

（三）近义词

意义相近的词，例如：

再—还　常常—经常　明白—知道

（四）同音词

语音相同而意义不同的词是同音词，例如：

交—教　大陆—大路　反映—反应

三、备考指南

本节的重点：

（一）能够区分多义词和不同的词

掌握多义词和不同的词之间的区别，能够分析具体某一个词是多义词还是不同的词。

（二）能够区分近义词

外国学生常常把近义词等同起来，要解决这一问题，应对近义词进行辨析，指出它们意义、搭配、充当句法成分和色彩上的差异，并通过强化训练，让学生掌握。

四、模拟练习

第 1—4 题

请选出下列各组词所属的类别，在 A—D 中进行选择。

1. 通晓　体彩　愿望　来访　（　）
2. 从　打　下去　革命　（　）
3. 还—再　棒—好　胜利—赢　（　）
4. 历—厉　文—闻　常—长　（　）

A. 同音词
B. 多义词
C. 单义词
D. 近义词

第 5—7 题

山　本：在中国，你交了很多朋友（1）吧？
大　卫：对。你呢？
山　本：我也交了不少。你和中国朋友经常见面吗？
大　卫：我常常和他们一起玩儿，一起聊天，你呢？
山　本：我的中国朋友（2）吧，他们都很忙，我们很少一起玩儿。
大　卫：这个周末我和朋友打算一起去长城，你跟我们一起去（3）吧。
山　本：太好了！不过星期一有考试，我想好好复习复习，下次吧。
大　卫：那好（4）吧。

5. “我常常和他们一起玩儿”中的“常常”外国学生有时误用为“往往”，原因是什么？（　）

A. 近义词的干扰　　B. 词性不清楚
C. 感情色彩不清楚　　D. 语体色彩不清楚

6. 对话中带下画线的四个“吧”是什么关系？（　）

A. 同音词　　B. 单义词
C. 多义词　　D. 近义词

7. 对话中的“跟”与下列哪个选项是近义词？（　）

A. 给　　B. 被

C. 和　　D. 把

五、知识链接

有关词的类别的详细情况，请参见：

1. 北京大学中文系现代汉语教研室. 现代汉语（增订本）. 北京：商务印书馆，2012.

2. 黄伯荣，廖序东. 现代汉语（上册）（增订三版）. 北京：高等教育出版社，2002.

第四节　近义词的辨析

一、案例导入

第 1—2 题

> 大　卫：(1) 昨天我没去上课，有作业吗？
> 山　本：没有作业，但是明天有听写。
> 大　卫：昨天不是听写了吗？怎么还听写呢？
> 山　本：今天我们学了新课，所以有新的听写。你怎么样？好点了吗？
> 大　卫：上午不拉了，(2) 可是现在再拉了。
> 山　本：你好好休息吧，明天如果不能去上课，(3) 我又给你请假。
> 大　卫：谢谢你！

1. 对话中句（1）的“没”外国学生常误用为“不”，原因是什么？（　）
   A. “不”“没”用法相近　　B. “不”“没”意义相近
   C. “不”“没”语体色彩相同　　D. “不”“没”感情色彩相同

2. 对话中句（2）、(3) 的“再”“又”使用错误，是什么原因？（　）
   A. 搭配错误　　B. 意义错误
   C. 色彩错误　　D. 用法错误

答案与解析

1. 答案 A。该题考查对否定词“不”和“没”的了解和掌握情况。“不”和“没”都是否定副词，而且用法也有相同之处，“不”和“没”都可以用于过去发生的事情，但“不”表示主观愿望，“没”表示客观情况，该例表示的是客观情况，所以不能用“不”，只能用“没”，因此答案是 A。

2. 答案 D。该题考查对近义词“再”和“又”的异同的了解和掌握情况。“再”和“又”都可以表示重复，但是“再”用于将来，“又”用于过去。(2) 的“再”用于过去，所以是错误的；(3) 的“又”用于将来，因此也是错误的。

二、基本知识

意义相近，但有细微差别的一组词，是近义词。近义词主要在意义、搭配、充当句法成分以及色彩上存在着差异，因此可以从以上几个方面对它们进行辨析。

(一) 意义上的差异

有的近义词意义上存在着一些差异，例如：

马上—立刻　　能—会

“马上”和“立刻”都表示时间非常短，但是“立刻”表示的时间要比“马上”的短，也就是说，它们程度上存在着差异。

“能”“会”都表示具有某种能力，但是“会”往往指的是学习后获得的能力。

(二) 搭配上的差异

有些近义词，搭配的对象往往不同，例如：

肥—胖

它们都表示脂肪多，但“肥”适用于动物和肉类，一般不用于人；而“胖”适用于人。

(三) 充当句法成分上的差异

近义词在充当句法成分上常常也不同，例如：

停—停止　充分—充足

“停”“停止”都是动词，都可以做谓语，例如：

雨停了—雨停止了

但是“停”可以做补语，“停止”不行，例如：

股票涨停了。—*股票涨停止了。

“充分”“充足”都是形容词，都可以做谓语、定语，例如：

时间充分—时间充足

充分的时间—充足的时间

但是“充分”可以做状语，“充足”不行，例如：

这充分说明我说的是对的。—＊这充足说明我说的是对的。

（四）色彩上的差异

近义词往往感情色彩存在着差异，例如：

鼓励—怂恿

“鼓励”“怂恿”都有“鼓动”的意思，但是前者是褒义词，后者是贬义词。

有的语体色彩上不同，例如：

批评—说

“批评”和“说”都有“指出缺点”的意思，不过“批评”用于书面语，“说”用于口语。

三、备考指南

本节的重点：

掌握近义词的辨析方法

掌握近义词的辨析方法，能够从意义、搭配、充当句法成分和色彩上对近义词进行辨析。

近义词是外国学生学习汉语词汇的难点，他们常常忽视了近义词不同的一面，简单地把它们等同起来。要解决这一问题，必须对所学过的近义词逐一进行辨析。辨析时可采用表格的方法，通过表格把近义词的差异展示出来，这种方法简单、直观，便于学生了解、复习和掌握。

四、模拟练习

第1—5题

老　师：玛丽，你会做中国菜吗？
玛　丽：不（1）会。但是我会做美国菜。
老　师：如果你有兴趣的话，我可以教你。
玛　丽：真的吗？太好了，如果我（2）会做中国菜，回国以后就做给我父母吃，他们一定非常高兴。
老　师：这个周末你有空儿，可以到我家里去。
玛　丽：这个周末不（3）行，我已经跟朋友约好了。
老　师：没关系，那就下个周末吧。
玛　丽：好的。谢谢老师。

1. 对话中句（1）（2）的“会”外国学生容易误用为“能”，原因是什么？（　）
   A. 意义问题　　B. 搭配问题
   C. 语体色彩问题　　D. 充当句法成分问题

2. 对话中句（3）的“行”外国学生容易误用为“可以”，原因是：（　）
   A. 词性问题　　B. 用法问题
   C. 语体色彩问题　　D. 意义问题

3. 对话中的“如果”和“要是”的区别主要是：（　）
   A. 词性不同　　B. 搭配不同
   C. 色彩不同　　D. 意义不同

4. 对话中的“父母”和“爸妈”的主要区别是：（　）
   A. 语体色彩不同　　B. 搭配不同
   C. 充当句法成分不同　　D. 意义不同

5. 对话中的“做（饭）”和“煮”的主要区别是：（　）
   A. 意义不同　　B. 语体不同

C. 充当句法成分不同　　　　　　D. 搭配不同

五、知识链接

有关近义词的辨析的详细情况，请参见：

1. 北京大学中文系现代汉语教研室. 现代汉语（增订本）. 北京：商务印书馆，2012.

2. 黄伯荣，廖序东. 现代汉语（上册）（增订三版）. 北京：高等教育出版社，2002.

第五节　熟语

一、案例导入

第 1 题

> “马”的名声相对来说要好一些，但也好不了多少，除了“老马识途”“马到成功”“人高马大”“千里马”“马不停蹄”等含有褒义以外，其他的词语差不多都含有贬义。事后才采取措施或是才想出办法，我们称之为“马后炮”；被打得大败，溃不成军，可以说“人仰马翻”；替别人东奔西跑、为别人效力的人，称之为“马前卒”；秘密的事情或事实露出真相，称之为“露马脚”；办事遇到挫折或遭到失败，称之为“马失前蹄”；“拍马屁”比喻奉承别人，以讨得好处；“马屁精”指精于拍马屁的人；办事不认真，丢三落四，称为“马大哈”。总之与“马”相关的很大一部分词都带有贬义。
>
> （摘自《汉语与文化交际》）

下列选项中哪一个不是成语？（　）

A. 老马识途　　B. 千里马

C. 马到成功　　D. 人仰马翻

答案与解析

答案 B。该题考查对熟语类别的了解和掌握情况。A、C、D 是典型四字格，是成语，B 是三个汉字，不是成语，是惯用语，因此答案是 B。

二、基本知识

词汇中还有成语、歇后语和惯用语等，它们的结构和构成成分比较固定，而且它们的意义并非构成成分的简单相加，具有整体性，因此统称为熟语。

(一) 成语

成语一般由四个汉字构成，常常表达一种特定的意思，例如：

指鹿为马　鸡犬不宁　张冠李戴

也有一些成语超过四个汉字，例如：

鹬蚌相争，渔翁得利　千里之堤，毁于蚁穴

成语的来源很复杂，大多来源于历史故事、古代寓言等，例如：

愚公移山　四面楚歌　买椟还珠　负荆请罪

也有一些来自于诗文名句，例如：

水落石出　滴水穿石

成语的结构很复杂，常见的类型如下：

主谓结构：东施效颦　釜底抽薪
述宾结构：草菅人命　初出茅庐
并列结构：车水马龙　杯水车薪
偏正结构：百步穿杨　跃跃欲试

(二) 歇后语

歇后语由两部分构成，前一句是形象的表述，后一句给出前一句表示的含义（往往借助比喻或谐音来理解），例如：

孔夫子搬家——尽书（输）。
老王卖瓜——自卖自夸。
外甥打灯笼——照舅（旧）。

歇后语风趣、幽默，有时只说前一句，后一句略去不说，例如：

水中捞月（，一场空）。
烂棉花（，没法弹）。

(三) 惯用语

口语中表达一种习惯含义的短语是惯用语。惯用语一般由三个汉字组成，表达的意思不能从构成成分中推导出来，例如：

吃豆腐　穿小鞋　戴高帽　耳边风

惯用语常见的结构类型如下：

述宾结构：踢皮球　吹牛皮　拍马屁

偏正结构：千里马　马屁精　墙头草

三、备考指南

本节的重点：

掌握成语、歇后语和惯用语的区别

掌握成语、歇后语和惯用语的区别，能够具体对某个熟语的结构进行分析和归类。

四、模拟练习

第 1—4 题

请选出下列各组成语的结构对应的类别，在 A—E 中进行选择，其中有一个是多余选项。

1. 前赴后继　继往开来　风声鹤唳　　（　　）
2. 步人后尘　祖述尧舜　墨守成规　　（　　）
3. 螳螂捕蝉　狐假虎威　草船借箭　　（　　）
4. 蠢蠢欲动　皆大欢喜　永无止境　　（　　）

A. 主谓式
B. 述宾式
C. 述补式
D. 并列式
E. 偏正式

第 5—9 题

> “牛”这种动物，从外表上看，并不算太难看，而且“牛”还是一种比较温驯的动物，按理说，应该有个好名声，其实并非如此。带“牛”字的词语，很大一部分也是不好的字眼。例如“吹牛皮”表示说大话；“牛气十足”表示劲头大，信心足；“牛鬼蛇神”比喻社会上的丑恶的东西和形形色色的坏人；“牛角尖”比喻一些无法解决的问题或不值得研究的小问题；“孺子牛”比喻甘愿为人民大众服务的人；“牛脾气”比喻倔强执拗的脾气。“老牛拉破车——慢慢腾腾”用来讽刺“行动慢，动作不迅速的现象”。牛的头与狗、猪、羊等的形状差不多，可是人们偏偏用“牛头马面”来比喻丑恶的人。
>
> （摘自《汉语与文化交际》）

5. 下列选项中的成语属于主谓结构的是：（　）

A. 牛鬼蛇神　　B. 钻牛角尖

C. 牛气十足　　D. 牛头马面

6. 下列选项中的惯用语不是偏正结构的是：（　）

A. 孺子牛　　B. 牛脾气

C. 牛角尖　　D. 吹牛皮

7. 与短文中“牛脾气”属于一类的选项是：（　）

A. 上行下效　　B. 铁饭碗

C. 狗血喷头　　D. 落落大方

8. 下列哪个选项不属于惯用语？（　）

A. 牛气十足　　B. 吹牛皮

C. 牛角尖　　D. 牛脾气

9. 下列哪个选项是歇后语？（　）

A. 吹牛皮　　B. 钻牛角尖

C. 牛头马面　　D. 老牛拉破车

五、知识链接

有关熟语的详细情况，请参见：

1. 北京大学中文系现代汉语教研室. 现代汉语（增订本）. 北京：商务印书馆，2012.

2. 黄伯荣，廖序东. 现代汉语（上册）（增订三版）. 北京：高等教育出版社，2002.

第四章　词类

第一节　实词

一、案例导入

第 1—2 题

> 服务员：先生，几（1）位？
> 大　卫：两位。
> 服务员：这边请。吃点什么？
> 大　卫：我看一（2）下（3）菜单。（一会儿以后）来半（4）只烤鸭，一个麻婆豆腐，一个宫保鸡丁。
> 服务员：喝点什么？
> 大　卫：两瓶冰镇（5）啤酒，一（6）壶菊花茶。
> 服务员：还要（7）别的吗？
> 大　卫：再来两碗（8）米饭。
> 服务员：好的。请稍等。

1．下列选项中的词与其他选项中的词不同的是：（　　）

A．菜单　　　　B．啤酒
C．别的　　　　D．米饭

2．下列选项中的词不属于名量词的是：（　　）

A．位　　　　B．下
C．只　　　　D．壶

答案与解析

1．答案 C。该题主要考查对名词和代词的了解和掌握情况，以及学习者对具体词语进行分析、归类的能力。A、B、D都是名词，C的“别的”是代词，因此答案是C。

2. 答案B。该题主要考查对量词的次类的了解和掌握情况，以及学习者对具体量词进行分析、归类的能力。A、C、D都是名量词，B是动量词，所以答案是B。

二、基本知识

按照不同的语法特征对词类进一步进行分类，汉语的词类大致如下：

词类		例子
实词	名词	人　手　苹果　桌子
	动词	说　打　学习　锻炼
	形容词	大　高　伟大　骄傲
	代词	我　你　他　这　那
	数词	一　十九　百　万
	量词	个　位　趟　次　顿
虚词	副词	也　都　马上　到底　大概
	介词	对　对于　关于　跟
	连词	和　或者　不仅　而且　因为
	助词	的　得　地　着　了　过
	语气词	吗　吧　呢　呀　呗
	叹词	欸　嗯　哎呀
	拟声词	砰　咕噜　滴答　轰隆

词类是根据词在句子中的作用分出来的类。汉语的词根据能否单独充当句法成分可以分为实词和虚词两大类。

实词是可以单独充当句法成分的词。汉语的实词有名词、动词、形容词、代词、数词和量词。

（一）名词

名词是表示人、事物、时间、处所、方位的词，例如：

人 手 笔 明天 北京 上边

1. 名词的类别

名词根据意义上的不同，可以进一步分为以下几类：

词类	类别	例子
名词	一般名词	书 本子 房子 桌子 想法
	时间词	今天 明天 星期一 今年
	处所词	北京 香港 教室 宿舍
	方位词	里 外 里边 外边 上面

例如：

① 我有一个新**想法**，你想听听吗？

② **星期一**没有课

③ 大家都来过**北京**。

2. 名词的句法功能

名词可以做主语、宾语、定语，有的还可以做谓语，例如：

① **苹果**很好吃。

② 我买**衣服**，你呢？

③ 这是**木头**桌子。

④ 今天**星期天**。

3. 方位词

(1) 方位词的类别

汉语的方位词有单纯方位词和复合方位词之别，具体情况如下：

单纯方位词	复合方位词		
上	上边（儿）	上面	上头
下	下边（儿）	下面	下头
前	前边（儿）	前面	前头

续表

单纯方位词	复合方位词		
后	后边（儿）	后面	后头
左	左边（儿）	——	——
右	右边（儿）	——	——
东	东边（儿）	东面	东头
南	南边（儿）	南面	南头
西	西边（儿）	西面	西头
北	北边（儿）	北面	北头
里	里边（儿）	里面	里头
外	外边（儿）	外面	外头

(2) 单纯方位词和复合方位词的区别

单纯方位词和复合方位词的句法特点有同有异，大致情况如下：

类别	主、宾语	定语	名＋的＋方位词	名＋方位词	人称代词＋方位词
单纯方位词	＋①	＋	－	＋	－
复合方位词	＋	＋	＋	＋	＋

例如：

① ***里面***没有人了，你进去吧。
② 我住***里边***的房间，你住***外边***的房间。
③ 图书馆***里边（里）***有很多学生在上自习。
④ 弟弟坐我***外边***吧。

（二）动词

1. 动词的类别

动词是表示行为、动作、心理活动等的词。动词按照意义可以分为以下几类：

① 单纯方位词较少单独使用，只在一些特定的情况下单用，如书面语、成对使用等：“上有天堂，下有苏杭”“大敌当前”“请勿入内”。

词类	类别	例子
动词	动作动词	打 说 跑 跳 学习
	状态动词	怕 爱 恨 喜欢 愿意
	关系动词	是 有 像 叫 属于
	能愿动词	能 可以 会 应该 必须

例如：

① 同学们在***打***球。
② 妹妹***喜欢唱***歌。
③ 这***是***什么？
④ 我***可以走***吗？

动词按照能否带名词性宾语可分为两类：

词类	类别	例子
动词	及物动词	吃 喝 玩 练习 准备
	不及物动词	活 醒 休息 工作 进步

例如：

① 我***喝***牛奶。
② 现在***休息***。

2. 动词的语法功能

动词主要做谓语、补语、宾语等，例如：

① 我***去***。
② 手机还没找***到***。
③ 这部电影大家都想***看***。

3. 动词重叠式

汉语的动词有些可以重叠使用，重叠方式主要有三种：

词类	类别	重叠方式	例子
动词	单音节	AA	说说　谈谈　学学　找找
	双音节	ABAB	学习学习　联系联系　商量商量
		AABB	来来往往　打打闹闹　说说笑笑

例如：

① 我们出去***走走***吧。
② 你们好好***商量商量***，看这事怎么办。
③ 别在这儿***打打闹闹***，这儿很危险。

动词重叠式表示动作持续一段时间或重复，例如：

① 你给我们***讲讲***吧。
② 大家再***复习复习***。

汉语的动词有的可以重叠，有的不能。一般情况下，能够重叠的都是动作动词，关系动词、状态动词等不能重叠，例如：

唱→唱唱　买→买买　做→做做
是→*是是　有→*有有　姓→*姓姓
怕→*怕怕　爱→*爱爱　喜欢→*喜欢喜欢

4. 离合词

既可以当作一个动词来使用，也可以前后成分分开来使用的词是离合词，例如：

① 我们昨天***见面***了。
② 我们昨天***见了一面***。

例①的“见面”作为一个动词使用，例②的“见面”中间插入了“了”和“一”，分开使用了，因此“见面”是离合词。

离合词不能带宾语，涉及的对象一般用介词提前，放在离合词前面，例如：

① 他***向***我道歉了。
② 这孩子***给***你争气了。

也有一些离合词涉及的对象做离合词后面相当于名词的成分的定语，例如：

① 老师生***我们***的气了。

② 别开***她***的玩笑了。

5. 能愿动词

表示可能、意愿、必要等的动词叫能愿动词。能愿动词可以根据意义分为以下几类：

词类	类别	例子
能愿动词	可能类	可能　能够　会　能
	必要类	应该　应　该　得（děi）
	愿望类	愿意　情愿　想　要

例如：

① 她***可能***不来上课了。

② 我***得***走了。

③ 大家都***愿意***下周一考试。

（三）形容词

1. 形容词的类别

形容词是表示人或事物的性质、状态、特征或属性的词。形容词可以按照意义分为两类：

词类	类别	例子
形容词	性质形容词	大　小　高　矮　漂亮　困难
	状态形容词	雪白　火红　热乎乎　甜丝丝

例如：

① 这个教室真**大**。

② 下雪以后，外边一片**雪白**。

形容词也可以按照句法功能分为两类：

词类	类别	例子
形容词	谓语形容词	长　短　热　冷　干净　坚定
	非谓形容词	男　女　黑白　彩色　大型

例如：

① 今天很***冷***。
② 我们班都是***男***学生。

2. 形容词的语法功能

性质形容词主要做定语、谓语、状语、补语等，例如：

① 吃碗***热***面条吧。
② 今天***冷***。
③ 我们一定***努力***学习。
④ 这件衣服没洗***干净***。

状态形容词主要做定语、谓语、状语等，例如：

① ***火辣辣***的太阳晒得树叶都蔫了。
② 喝点酒以后，心里***热乎乎***的。
③ 上课半天了，他才***慢悠悠***地走进了教室。

非谓形容词只能做定语，例如：

① 我们班***男***学生多。
② ***彩色***电视现在很便宜。

3. 形容词重叠式

形容词很多可以重叠，重叠方式如下：

词类	类别	重叠方式	例子
形容词	单音节形容词	AA	高高　大大　长长　甜甜　酸酸
	双音节形容词	AABB	高高兴兴　平平安安　舒舒服服
		ABAB	碧绿碧绿　雪白雪白　通红通红
		A里AB	糊里糊涂　古里古怪

不是所有的形容词都能重叠，能重叠的一般是口语中常用的性质形容词，书面语性质形容词不能重叠，例如：

严肃→＊严严肃肃　光荣→＊光光荣荣
伟大→＊伟伟大大　坚强→＊坚坚强强

形容词重叠表示程度深，单音节形容词重叠式做定语时还带有一定的感情色彩，例如：

① ***慢慢***吃，别着急。
② 那孩子**大大**的眼睛，***高高***的鼻梁，挺帅的。

例①的“慢慢”表示很慢，例②的“大大”“高高”有很大、很高的意思，同时还有可爱的意思。

（四）代词

代词是代替名词、动词、形容词、数量词和副词的词，例如：

① ***他***是老师。
② ***这***是什么？

1. 代词的类别

代词可以按照意义分为三类：

词类	类别	例子
代词	人称代词	我　你　他　我们　他们
	指示代词	这　那　这么　那么
	疑问代词	谁　什么　哪儿　多少

例如：

① ***他***是美国人，不是英国人。
② ***那***部手机不是我的，是弟弟的。
③ 你要***多少***？

指示代词可以按照意义进一步分为五类：

词类	类别	近指	远指
指示代词	指代人或事物	这	那
	指代时间	这时 这会儿	那时 那会儿
	指代处所	这儿 这里	那儿 那里
	指代性质或方式	这样 这么样	那样 那么样
	指代程度	这么	那么

例如：

① ***这***是什么？

② ***这里***有很多名胜古迹。

③ 哪有***这样***好的事情？

④ 实际上弟弟没有你们说的***那么***好。

疑问代词也可以按照意义进一步分为六类：

词类	类别	例子
疑问代词	问人	谁
	问事物	什么　哪
	问时间	什么时候　几时　多会儿
	问处所	哪儿　哪里　什么地方
	问数量	几　多少
	问性质、方式	怎么　怎样　怎么样

例如：

① 你找***谁***？

② 中午吃***什么***？

③ 周末去***哪儿***玩？

④ 北京烤鸭***怎么样***？

2. 代词的语法功能

代词主要做主语、宾语、定语等，例如：

① ***谁***找王老师？

② 这本书给***他***。

③ ***他*** 的口语比我好。

3. 疑问代词的活用

疑问代词除了表示疑问外，还有一些特殊的用法。

（1）表示任指

“谁”“什么”“哪儿”“哪”“怎么”等用在句中不表示疑问，而表示任指，即分别指任何人、任何东西、任何地方、任何一个、任何方式等。例如：

① ***谁*** 都知道这件事。（指任何人）
② ***什么*** 礼物都可以。（指任何礼物）
③ 我***哪儿*** 都去过。（指任何地方）
④ 这些国家他***哪*** 个都没去过。（指任何一个）
⑤ 你***怎么*** 做都行。（指任何方式）

（2）表示虚指

疑问代词用于句中表示不知道或不需要说明的事物等，例如：

① 周末她想找***谁*** 跟她一起去长城。（指某人）
② 我想买点***什么*** 送朋友。（指某东西）
③ 明天去***哪儿*** 走走怎么样？（指某地方）

（3）表示反问

疑问代词用于句中表示反问，例如：

① 他没告诉我她去哪儿了，***我哪知道她在哪儿*** 呀？（表示“我不知道她在哪儿”）
② 这么晚了，***走什么*** 呀？（表示“不要走”）
③ 他才半岁，***哪儿会说话*** 呀？（表示“不会说话”）

（五）数词

数词是表示数目的词，例如：

① ***二*** 加***二*** 等于***四*** 。
② 我们班***四分之一*** 是女生。

1. 数词的类别

数词可以根据意义分为以下几类：

词类	类别	例子
数词	基数	1 2 3 4……
	序数	第一 第二 老大 老二
	倍数	1倍 5倍
	小数	0.2 3.14 8.9 15.6
	分数	$\frac{1}{4}$ $\frac{2}{15}$ 35%
	概数	两三个 十多斤 二十来个 八点左右

例如：

① 今天**5**月**1**号。
② 我是**老大**，他是**老二**。
③ 我们班**三分之二**是男生。
④ 弟弟才**九十多斤**重。

2. 数词的语法功能

数词主要和量词一起构成数量结构做定语、主语、宾语、补语、谓语等，例如：

① **一个**苹果够谁吃？
② **一顿**一个馒头，根本吃不饱。
③ 我想买**一件**，你呢？
④ 长城她只去过**一次**。
⑤ 这些苹果，一人**一个**。

（六）量词

用来表示人、事物或动作的数量单位的词叫量词，例如：

① 我买一**本**书。
② 休息十**分钟**。
③ 你敲一**下**门，看里面有没有人。

1. 量词的类别

量词可以根据意义分为两类：

词类	类别	例子
量词	名量词	个　本　根　双　对　辆　斤
	动量词	次　趟　回　下　顿

例如：

① 我买了一**辆**自行车。

② 上星期看了一**次**电影。

（1）名量词

名量词是表示人、事物的数量单位的词。名量词可以按照它们的性质进一步分为两类：

词类	类别	例子
名量词	专用量词	个　本　条　件　张
	借用量词	盘　盆　碗　杯　壶

专用量词是专门用作人或事物单位的词，借用量词是临时借用做量词的名词，这些名词多是容器或身体器官方面的，例如；

① 请给我一**个**苹果。

② 这**本**书我看了两眼。

③ 服务员，来一**壶**绿茶。

专用量词还可以进一步分为六类：

词类	类别	例子
专用量词	个体量词	本　只　棵　块　支　粒　根
	集体量词	批　群　堆　副　双　对
	度量衡单位	米　尺　平方　立方米　公斤　吨
	货币单位	元　角　分　块　毛
	时间单位	年　天　小时　分　秒
	不定量词	点儿　些

例如：

① 服务员，再给我一**根**筷子。

② ***一副***手套花不了多少钱。

③ 这套房子很大，两百多***平方***。

④ 来***点儿***红酒怎么样？

(2) 动量词

动量词是表示动作行为数量单位的词。动量词也可分为两类：

词类	类别	例子
动量词	专用动量词	回　次　趟　遍　下
	借用动量词	把　拳　脚　枪　眼

专用动量词是专门用来表示动作行为数量单位的词。借用动量词是名词临时借用动作行为数量单位的词，例如：

① 你去***一趟***上海吧。

② 拉你妹妹***一把***。

③ 我踢了他***一脚***。

2. 量词的语法功能

量词只能与数词一起组成数量结构充当定语、宾语、主语、补语等，例如：

① ***一部***手机多少钱？

② ***一斤***不够吃，两***斤***吧。

③ 衣服挺漂亮的，买***一件***吧。

④ 大家等***一会儿***吧。

3. 量词和数量结构的重叠式

(1) 量词重叠式

汉语的量词除了双音节量词、货币单位、时间单位和不定量词外，也可以重叠，例如：

个→个个　条→条条　家→家家

量词重叠表示“每一”的意思，例如：

① 我们**个个**都会说汉语。

② 这儿**天天**都下雨。

例①的“个个”意思为“每个”，例②的“天天”意思为“每天”。

（2）数量结构重叠式

“一＋量词”结构有两种重叠方式：

结构	重叠式	例子
一＋量词	一 AA	一个个　一件件　一天天
	一 A 一 A	一个一个　一件一件　一天一天

数量结构重叠式充当不同的句法成分时往往表示不同的语法意义：

结构	重叠式	语法意义		
		主语	定语	状语
一＋量词	一 AA	表示“每一”	表示事物存在的方式	表示“逐一”“重复”
	一 A 一 A			

“一 AA”和“一 A 一 A”做主语时，表示“每一”，例如：

① 这些衣服***一件件***都是妈妈亲手做的。

② 这些衣服***一件一件***都是妈妈亲手做的。

例①、②的“一件件”“一件一件”相当于“每一件”。

做定语表示事物存在的方式，例如：

① 阅览室里摆着***一排排***书架。

② 阅览室里摆着***一排一排***的书架。

例①、②的“一排排”“一排一排”意思相当于“成排”。

做状语表示“逐一”或“重复”，例如：

① 孩子在***一天天***长大。

② 饭要***一口一口***地吃，不能着急。

③ 你这么***一趟趟***地往回跑，什么时候是个头呀？

例①、②的“一天天”“一口一口”分别表示“逐天”“逐口”的意思，例③的“一趟趟”表示“多趟”，即“重复”。

三、备考指南

本节的重点：

（一）了解、掌握名词、动词、形容词、代词、数词、量词的特点

了解、掌握名词、动词、形容词、代词、数词、量词的特点和功能，能够对具体某一个词所属类别进行分析、判断。

外国学生容易把形容词单独用作谓语，也容易在形容词前加上“是”。要解决这一问题，可采用语块教学的方法，即把“（主语＋）程度副词＋形容词”作为一个语块进行讲授，让学生把“程度副词”和“形容词”自动形成一种链接，并养成习惯。

（二）了解、掌握动词、形容词、量词、数量结构的重叠方式

了解、掌握动词、形容词、量词和数量结构的重叠方式，它们的重叠条件，以及重叠式表示的意义。

外国学生使用形容词重叠式时容易在重叠式前用上程度副词。要解决这一问题，应告诉学生形容词重叠式前不能出现程度副词的原因是重叠式都含有程度意义，因此不能再加程度副词，在此基础上，进行强化练习。

（三）掌握离合词所涉及的对象出现的位置

外国学生常常把离合词所涉及的对象放在离合词后面做宾语。要解决这一问题，可采用语块教学法，即把离合词和它们所涉及的对象组成的介宾短语作为一个整体来进行教学，如“跟……见面”“跟……开玩笑”，以培养学生使用介词的习惯。

（四）掌握近义能愿动词“能”“可以”“会”的区别

外国学生容易混用“能”“可以”“会”。要解决这一问题，可采用表格法对这三个词语进行辨析，指出它们的异同，并进行强化练习。

四、模拟练习

第 1—5 题

请选出下列各组词对应的类别，在 A—F 中进行选择，其中有一项是多余的。

1. 阳光　温度　时候　特色　（　　）
2. 爬　看　是　有　（　　）
3. 我　这　那　这么　（　　）
4. 灿烂　高　好　大　（　　）
5. 块　些　个　下　（　　）

A. 量词
B. 动词
C. 形容词
D. 代词
E. 名词
F. 数词

第 6—17 题

大　卫：这个（6）周末阳光灿烂，温度不高，我们一起去郊游怎么样？

玛　丽：好哇！我喜欢爬山，咱们去爬山吧。

大　卫：我非常喜欢爬山，在国内的时候，差不多每个周末都和朋友去爬山。爬到山顶以后，看着（7）蔚蓝蔚蓝的天，碧绿碧绿的草，特别舒服，也特别快乐。

玛　丽：没错。（8）那咱们去哪儿爬山呢？

大　卫：我去过凤凰岭，那座山上到处都是大石头，很陡，也很有特色，最重要的是那儿人非常少，很安静。

玛　丽：就这么定了。我回去准备准备。我们带些什么东西呢？

大　卫：只要能吃、能喝，（9）什么都可以。我现在就去学校东边的超市看看，买一些饮料和食品。

玛　丽：正好我也没有事，咱们一起去吧。

大　卫：太好了。

玛　丽：不对，我钱包里只有一百块钱，（10）得回去取一（11）下钱，顺便换一件衣服。

大　卫：没关系，我等你一会儿。

6. 下列哪个选项与（6）中的“周末”是同一类词？（ ）

A. 现在　　B. 朋友

C. 石头　　D. 食品

7. 下列哪个选项中的词不是方位词？（ ）

A. 内　　B. 上

C. 顶　　D. 里

8. 下列哪个选项与（7）中的“蔚蓝”是同一类词？（ ）

A. 通红　　B. 喜欢

C. 陡　　D. 安静

9. 下列哪个选项中的“那”与（8）中的“那”意思和用法相同？（ ）

A. 今天没时间，那明天吧。

B. 他摸摸这，又摸摸那，根本闲不住。

C. 这件不好看，那件怎么样？

D. 我忘不了故乡的那山、那水。

10. 句（9）“什么都可以”中的“什么”是疑问代词的哪一种用法？（ ）

A. 任指　　B. 疑问

C. 虚指　　D. 反问

11. 下列哪个选项中的“得”与（10）中“得”的意思和用法相同？（ ）

A. 我得了一等奖。　　B. 不得把书带回家。

C. 有事也得告诉我一声。　　D. 得饶人处且饶人。

12. 下列哪个选项的词不能重叠？（ ）

A. 爬　　B. 买

C. 定　　D. 等

13. 下列哪个选项中的词与“黑乎乎”是同一类词？（ ）

A. 重要　　B. 少

C. 蔚蓝　　D. 愉快

14. 下列哪个选项中的词的重叠方式与其他选项的不同？（ ）

A. 安静　　B. 碧绿

C. 快乐　　D. 舒服

15. 下列哪个选项与（11）中的“下”是同一类量词？（ ）

A. 回　　B. 块

C. 件　　D. 座

16. 下列哪个选项中的结构不能重叠？（ ）

A. 一下　　B. 一些

C. 一件　　D. 一座

17. 下列哪个形容词不能重叠？（ ）

A. 重要　　B. 舒服

C. 安静　　D. 快乐

五、知识链接

有关名词、动词、形容词、代词、数词、量词的详细情况，请参见：

1. 刘月华，潘文娱，故韡. 实用现代汉语语法（增订本）. 北京：商务印书馆，2001.

2. 杨德峰. 对外汉语教学核心语法. 北京：北京大学出版社，2009.

第二节 虚词

现代汉语的虚词有副词、介词、连词、助词、语气词、叹词、拟声词，除了少数副词可以独立充当句法成分外，其他的都不能。

一、案例导入

第1—2题

(1) 中国文化中的红色主要象征着吉祥、如意。正因为如此，(2) 很多地方结婚的时候，新娘要穿红衣服、红裤子，戴红盖头。新房的每一个角落都充斥着红色：红家具、红床、红被子、红喜字、红对联等，就连客人送的礼金，也都要用红纸包着。生小孩、孩子过生日时，要吃红鸡蛋。春节时，中国人喜欢贴春联，(3) 春联都是用红纸书写的。

中国人认为本命年是苦年，(4) 会出现不顺利的事情。到了本命年，如果系上红腰带，穿上红内衣、袜子等，就可以避邪，就能保证本命年顺利度过。有一阵子，(5) 医院里出现了收受红包的现象，其实红包就是“钱”，之所以说是红包，是因为“钱”是用红纸包着的，故因此而得名。

（摘自《汉语与文化交际》）

1. 下列哪个选项中的“的”与句（1）中的“的”意思和用法不一样？（　）
   A. 很多地方结婚的时候
   B. 春联都是用红纸书写的
   C. 会出现不顺利的事情
   D. 医院里出现了收受红包的现象

2. 下列哪个选项中的词不是连词？（　）
   A. 如果　　B. 所以
   C. 因为　　D. 也

答案与解析

1. 答案 B。该题考查对“的”的了解和掌握情况。A、C、D 的“的”是结构助词，B 的“的”是语气助词，所以答案是 B。

2. 答案 D。该题考查对连词和副词的了解和掌握情况。A、B、C 都是连词，D 是关联副词、语气副词，因此答案是 D。

二、基本知识

（一）副词

修饰、限定动词或形容词的词是副词，例如：

① 今天**大概**有雨。
② 这儿很危险，大家**赶快**离开这里。
③ 你这么说**就**没有道理了。

1. 副词的类别

副词按照意义可以分为以下几类：

词类	类别	例子
副词	时间副词	马上　立刻　正　正在　已经
	语气副词	到底　其实　也许　大概　大约　毕竟　终于
	方式副词	亲自　赶忙　独自　暗暗　分别　照样　特意
	范围副词	都　全　全都　一共　共　仅　只
	否定副词	不　没　没有　别　不要　甭
	程度副词	很　非常　十分　特别　极其　最
	关联副词	就　也　便　却
	处所副词	到处　处处

例如：

① 大家**马上**出发。
② 孩子**毕竟**是孩子，别跟他一般见识。
③ 我们**分别**跟他见面比较好。
④ 你**甭**跟我客气！
⑤ 哥哥性格**特别**好。

2. 副词的语法功能

副词主要做状语，有的还可以单用，个别可以做补语，例如：

① 今天天气***特别***好。
② A：你去过上海吗？
　 B：***没有***。
③ 你说得好***极***了。

例①的副词“特别”做状语，例②的副词“没有”单用，例③的副词“极”做补语。

（二）介词

用在名词前，引出与行为动作有关的时间、处所、方式、条件、对象等的词是介词，例如：

① 我们***在***201上课。
② ***关于***这件事，你还有什么意见？
③ 我***对***他有意见。

1. 介词的类别

介词按照意义主要分为五类：

词类	类别	例子
介词	表示时间的	在　从　打　当　于　自从
	表示处所、方向、路径的	在　从　往　朝　向　到　沿着
	表示方式的	按　按照　依照　根据　据
	表示原因、目的的	由于　为　为了　为着
	表示对象的	为　对　对于　关于　把　被　和　跟　同　比

例如：

① 他是***从***哪儿来的？
② 大家***朝***前走一步。
③ ***根据***学校规定，周末不调休。
④ ***关于***这事，还要再开会讨论一次。

2. 介词的语法功能

介词不能充当句法成分，只能放在名词性成分前面，构成介宾短语，充当状语、补语、定语等，例如：

① 大家***在外边***等一会儿。
② 这本书我送***给你***。
③ 你***对老刘***的怀疑是没有道理的。

例①的介词“在”和“外边”构成介宾短语“在外边”，做状语。例②的介词“给”和“你”组成介宾短语“给你”，做补语。例③的介词“对”和“老刘”组成介宾短语“对老刘”，做定语。

（三）连词

连接词、短语和分句的词是连词，例如：

① 她去商店买衣服***和***鞋。
② 我吃韭菜包子***或者***芹菜饺子。
③ ***因为***天气不好，***所以***比赛取消了。

1. 连词的类别

连词可以根据意义分为以下若干类：

词类	类别	例子
连词	并列连词	和　或　或者　与
	承接连词	然后　接着　于是
	递进连词	不但　而且　不仅　甚至
	转折连词	虽然　但是　但　可是　可　就是　不过
	因果连词	因为　所以　因　既然
	条件连词	只要　只有　不管　不论　无论
	假设连词	如果　要是　假如
	让步连词	即使　就是　哪怕
	目的连词	以免　以便　免得
	取舍连词	宁可　与其　不如

例如：

① **或者**你去，**或者**我去，必须去一个。
② 今天**不仅**不热，**而且**空气很好。
③ **虽然**这孩子只有8岁，**但是**已经上三年级了。
④ **假如**我是你，**就**不会这么做。
⑤ 早点出发吧，**免得**赶不上火车。

2. 连词的语法功能

连词不能单独充当句法成分，只能把词、短语或分句连接起来，充当句法成分或构成复句等，例如：

① 今天**和**明天都有课。
② 我**不仅**会说汉语，**而且**会说英语。

例①的连词“和”连接名词“今天”和“明天”，形成的结构充当主语；例②的连词“不仅”和“而且”连接两个分句，构成一个复句。

（四）助词

助词通常附着在其他词语、短语或是句子上，以突出句子的结构或者某种功能，例如：

① 大卫学**过**汉语。
② 这本书写**得**不错。

1. 助词的类别

助词按照功能分为两类：

词类	类别	例子
助词	动态助词	了 着 过 来着
	结构助词	的 地 得

例如：

① 吃**了**饭我就过去。
② 你叫什么名字**来着**？

③ 这次大家考**得**非常好。

2. 助词的语法意义

(1) 动态助词

动态助词“了”“着”“过”的语法意义如下：

助词	语法意义	例子
了	表示动作的实现或完成	① 昨天他去**了**上海。 ② 咱们吃**了**饭再去吧。
着	表示动作行为正在进行或状态的持续	① 我们上**着**课呢。 ② 墙上挂**着**一幅画。
过	表示曾经发生或经历过某事	① 我以前去**过**上海。 ② 妈妈没来**过**中国。
来着	表示不久前发生了某事或出现了某种情况	① 一个小时前老师找你**来着**。 ② 你刚才说什么**来着**？

(2) 结构助词

结构助词“的”“地”“得”的语法意义如下：

助词	语法意义	例子
的	附着在词语后面，使整个结构指代事物，或作为名词性成分的修饰语	① 这是我**的**。 ② 妈妈做**的**饭非常好吃。
地	用在形容词、副词等后面，一起修饰后面的动词性成分	① 老师高兴**地**答应了。 ② 我这个学期一定努力**地**学习。
得	附着在动词性成分后面，表示后面的成分是前面的补语	① 你唱**得**很好。 ② 今天热**得**很。

(五) 语气词

用在句尾或句中停顿处，表示各种语气的词是语气词，例如：

① 烤鸭好吃**吗**？

② 这个孩子**吧**，就是不听话。

1. 语气词的类别

语气词按照意义主要分为以下几类：

词类	类别	例子
语气词	陈述语气	的　了　啊　呢　嘛　呗
	疑问语气	吗　呢　吧
	祈使语气	吧　啊
	感叹语气	啊

例如：

① 老师在上课***呢***。
② 你难道不知道今天考试***吗***？
③ 快走***吧***，要迟到了！

2. 疑问语气词的语法特点

疑问语气词“吗”“呢”“吧”语法特点如下表：

疑问语气词	语法特点	例子
吗	用于是非问句	① 他是美国人***吗***？ ② 烤鸭好吃***吗***？
	用于反问句	① 你们难道不知道今天考试***吗***？ ② 这是你的东西***吗***？这是我的。
呢	用于特指问句	① 中午我们吃什么***呢***？ ② 他跟谁在一个组***呢***？
吧	用于半信半疑的是非问句	① 今天是 8 号***吧***？ ② 你们俩以前就认识***吧***？

（六）叹词

表达感情或呼唤、应答的词是叹词，例如：

① ***哎呀***，你怎么还没去上课呀？
② ***欸***，咱们什么时候走？

1. 叹词的类别

叹词按照意义可以分为两类：

词类	类别	例子
叹词	表示感情的	啊　唉　哦　哎呀　哈哈
	表示呼唤、应答的	喂　嘿　嗯　哎

例如：

① ***哎呀***，你怎么还在这儿呀？
② ***嗯***，这个菜味道是不错！
③ ***喂***，你是哪位？

2. 叹词的语法功能

叹词只能单独使用，不能充当句法成分，例如：

① ***喂***，是李老师吗？
② ***哦***，原来你们是兄弟呀！

（七）拟声词

模拟声音的词是拟声词，例如：

① ***砰！砰！砰！*** 外边传来了急促的敲门声。
② 风在 ***“呼呼”*** 地刮着。
③ 一到晚上，稻田里到处都是 ***“呱”“呱”“呱”*** 的蛙鸣声。

1. 拟声词的类别

拟声词可以按照书写形式和代表的声音是否固定分为两类：

词类	类别	例子
拟声词	定型拟声词	哈哈　哗哗　喵喵　汪汪　轰隆
	不定型拟声词	嘀嗒　滴答　噼里啪啦　噼噼啪啪

例如：

① ***哈哈***！你来晚了，没吃到饺子吧？

② 春节的时候，外边到处都是***"噼里啪啦"***的鞭炮声。

2. 拟声词的语法功能

拟声词的主要语法功能如下：

词类	语法功能	例子
拟声词	做状语	① 大家都***哈哈***地笑了起来。 ② 水在***哗哗***地流着呢，去把龙头关上。
	做定语	① 钟表发出***滴答滴答***的声音。 ② 远处传来***哗哗***的流水声。
	单用	① ***啪***！外边传来一声枪响。 ② ***呱唧***，孩子摔了个大马趴。

三、备考指南

本节的重点：

（一）了解、掌握各种词类的特点

了解、掌握各种词类的特点，能够具体分析某个词语的词类特点。

（二）了解、掌握各种词类的语法功能的特点

了解、掌握各种词类的语法功能的特点，能够分析某个词语的具体语法功能。

（三）了解、掌握副词使用时在句中的位置

汉语副词做状语的位置很复杂，外国学生使用副词时经常把它们的位置弄错。要解决这一问题，必须强化副词在句中位置的练习。

（四）了解、掌握结构助词、动态助词的使用特点

汉语的动态助词“了”“着”的使用情况很复杂，特别是“了”，外国学生经常该使用“了”而没有使用，不该使用时却使用了。要解决这一问题，必须让学生明白“了”的使用条件，并进行反复的强化练习。

汉语的结构助词“的”“得”“地”的使用情况也很复杂，外国学生常常混用“的”“地”“得”。要解决这一问题，必须让学生明白这三个词的语法功能及其使用条件，并反复进行强化练习。

四、模拟练习

第 1—6 题

请选出下列各组词所属的词类，在 A—G 中进行选择，其中有一个多余选项。

1. 原来　都　还　没有　(　　)
2. 为　关于　和　对于　(　　)
3. 于是　假如　那么　宁可　(　　)
4. 呢　吧　呗　嘛　(　　)
5. 了　来着　过　着　(　　)
6. 叮咚　呼呼　轰隆　噼噼啪啪　(　　)

A. 动态助词
B. 副词
C. 拟声词
D. 介词
E. 语气词
F. 结构助词
G. 连词

第 7—22 题

玛　丽：喂，是大卫吗？
大　卫：是啊，有事吗？
玛　丽：嗯，这个周末是我的生日，朋友们要为我举办一个派对，你想参加吗？
大　卫：当然啊！昨天我就参加了一个朋友的派对。
玛　丽：玩得怎么样？
大　卫：玩得（7）很开心。大家一起快乐地聊天、喝酒，最后喝得差不多（8）都醉了。对了，这次派对都有谁参加？
玛　丽：有比尔、汤姆、杰克和约翰，他们都是我非常好的朋友，而且你（9）也都认识。
大　卫：好哇，我们几点见面？在哪儿见面呢？
玛　丽：六点，在我的宿舍见面，然后我们（10）一起去一个酒吧。
大　卫：我给你买一瓶白酒，作为礼物送给你。
玛　丽：哈哈，你真了解我。
大　卫：哎呀，我（11）差点忘了，我和一个朋友约了去爬山，六点恐怕回不来。
玛　丽：是吗？太不巧了！可以改时间吗？
大　卫：我们两个星期以前就决定这个周末去爬山，（12）不去不太好。非常抱歉，下次吧。
玛　丽：唉！只好下一次啰。

请选出对话中画线的副词对应的词类，在 A－G 中进行选择，其中有一个多余选项。

7. ________
8. ________
9. ________
10. ________
11. ________
12. ________

A. 否定副词
B. 语气副词
C. 程度副词
D. 方式副词
E. 关联副词
F. 范围副词
G. 时间副词

13. 对话中的“朋友们要为我举办一个派对”中的“为”的意思是：（　）
A. 表示对象　　B. 表示原因
C. 表示目的　　D. 表示依据

14. 下列哪个选项中的词不是连词？（　）
A. 和　　B. 而且　　C. 然后　　D. 当然

15. 下列哪个选项中的“给”与“我给你买一瓶白酒”中的“给”意义和用法相同？（　）
A. 她给我洗过一次衣服。　　B. 他的自行车给人偷了。
C. 手机给摔坏了。　　D. 老师给我打了一百分。

16. 下列哪个选项中的“了”与“我吃了午饭”中的“了”意思和用法相同？（　）
A. 我差点忘了。
B. 最后喝得差不多都醉了。
C. 昨天我就参加了一个朋友的派对。
D. 而且改过一次时间了。

17. 对话中的“我们两个星期以前就决定这个周末去爬山”中的“决定”后外国学生常常误用“了”，原因是什么？（　）
A. 母语负迁移　　B. 不了解“了”的意义

C. 不了解“了”的特点　　D. 不了解“了”的词性

18. 对话中的“玩得很开心”中的“得”外国学生容易写成“的”，是什么原因？（　）

A. 母语负迁移　　B. 不了解“得”的意义

C. 不了解“得”的词性　　D. 不了解“得”的用法

19. 对话中的“大家一起快乐地聊天、喝酒”中的“地”外国学生容易漏用，原因是什么？（　）

A. 母语负迁移　　B. 不了解“地”的用法

C. 不了解“快乐”的词性　　D. 不了解“地”的意义

20. 下列哪个选项中的词不是语气词？（　）

A. 吗　　B. 嗯　　C. 呢　　D. 吧

21. 下列哪个选项中的词跟其他的不是一类？（　）

A. 喂　　B. 哈哈　　C. 哎呀　　D. 哎

22. 下列哪个选项中的“啊”与“是啊”中的“啊”读音相同？（　）

A. 这儿的风景多漂亮啊！　　B. 多好的孩子啊！

C. 这是果汁啊。　　D. 大家吃饱啊。

五、知识链接

有关副词、介词、连词、助词、语气词、叹词、拟声词的详细情况，请参见：

1. 刘月华，潘文娱，故韡. 实用现代汉语语法（增订本）. 北京：商务印书馆，2001.

2. 杨德峰. 对外汉语教学核心语法. 北京：北京大学出版社，2009.

第五章　短语

短语是由语法上能够搭配的词组合起来的没有句调的语言单位，又叫词组。

一、案例导入

第1—2题

大　卫：	（1）你贵姓？
王　明：	我（2）姓王。
大　卫：	你（3）是北大的学生吗？
王　明：	对。你来中国（4）多长时间了？
大　卫：	（5）一个月了。
王　明：	（6）你的汉语（7）说得不错。
大　卫：	谢谢！

1.（1）—（7）一共是几种短语？（　）

A. 3　　B. 4

C. 5　　D. 6

2. 下列哪个短语与（7）是一类？（　）

A. 走进去　　B. 姓王

C. 我的汉语　　D. 多长时间

答案与解析

1. 答案B。（1）是主谓短语，（2）（3）是述宾短语，（4）（5）（6）是偏正短语，（7）是述补短语，因此答案是B。

2. 答案A。（7）是述补短语，A“走进去”也是述补短语，B是述宾短语，C、D是偏正短语，因此答案是A。

二、基本知识

汉语的短语种类很多，根据构成成分之间的关系，可以把短语分为联合短语、偏正短语、主谓短语、述宾短语、述补短语、连谓短语、兼语短语、同位短语等。

（一）联合短语

联合短语指两个或两个以上的词不分主次、平等并列地组合在一起的短语，例如：

① 包子、饺子　　我和你
② 聪明、可爱　　伟大而光荣
③ 我、你和他　　大米、玉米和小米

（二）偏正短语

偏正短语是由修饰语和中心语组成，结构成分之间有修饰与被修饰关系的短语，例如：

① 木头桌子　　大苹果
② 亲自去　　多吃
③ 彻底解决　　盲目崇拜

偏正短语可以按照短语的性质进一步分为两类：定语和中心语组成的短语叫定中短语，例如：

① 漂亮姑娘　　帅小伙
② 长时间　　干净衣服
③ 吃的东西　　买的饭

状中短语的修饰语是状语，充当中心语的一般是谓词性成分，是语法功能相当于谓词的偏正短语，例如：

① 慢走　　快说
② 认真学习　　努力工作
③ 好好儿地说　　热情地招待

（三）主谓短语

主谓短语由两个成分组成，前一个成分的功能是提出主题，后一个成分对主题加以陈述，构成主谓关系，例如：

① 天儿好	个子高
② 我去	你说
③ 面条热乎乎的	眼睛大大的

（四）述宾短语

述宾短语由有支配、涉及关系的两个成分组成，起支配作用的部分是述语，表示动作行为；被动作支配的部分是宾语，例如：

① 看书	学汉语
② 写作文	复习生词
③ 喜欢吃	可以看

（五）述补短语

述补短语由有补充关系的两部分组成，被补充的部分是述语，由谓词充当；补充部分是补语，也由谓词充当，起说明的作用，例如：

① 洗干净	吃完
② 穿上	拿出来
③ 写得很好	唱得不错
④ 累极了	忙坏了
⑤ 听得懂	喝不了
⑥ 放在这儿	送给她

（六）连谓短语

连谓短语由两个或几个谓词、谓词性短语连用组成，连用的部分大多表示连续发生的几个动作，例如：

① 去买	来旅游
② 进来喝茶	出去买东西
③ 开车去	拿着吃

（七）兼语短语

由前一个动词的宾语兼做后一个动词或形容词的主语，形成一个宾语兼主语的兼语。有兼语的短语叫兼语短语，例如：

请我去　　　　让孩子上学
叫妹妹回来　　使我们懂得
有人进来　　　叫他哥哥

（八）同位短语

同位短语，又叫复指短语，多由两个成分组成，前后各成分词语不同，但复指同一个事物，例如：

① 首都北京　　省会郑州
② 你自己　　　我们学生

三、备考指南

本章的重点：

了解、掌握各种短语的特点

了解、掌握各种短语的构成成分以及各种短语的特点，能够对某一短语的类别做出分析和判断。

四、模拟练习

第 1—7 题

请选出各组短语对应的类别，在 A—H 中进行选择，其中有一个多余选项。

1. 好球　你姐姐　汉语词典　(　　)
2. 坐车去　来接孩子　做饭吃　(　　)
3. 答应我　送人　查词典　(　　)
4. 请你去　派她来　叫他走　(　　)
5. 今天和明天　去或者留　干净、利落　(　　)
6. 头疼　口渴　夜长　(　　)
7. 看透了　走不了　停在这儿　(　　)

A. 述宾短语
B. 偏正短语
C. 主谓短语
D. 联合短语
E. 述补短语
F. 兼语短语
G. 连谓短语
H. 同位短语

第 8—11 题

老　师：昨天的作业做完了吗？(8) 交给我吧。
学　生：老师，还没做完，(9) 昨天的作业太多了！
老　师：一共 10 题，多吗？
学　生：汉语、口语和听力都有作业，差不多 40 道题。我昨天晚上 (10) 做到 12 点，也没有做完。
老　师：是吗？那以后我 (11) 让口语和听力老师少给你们留一些作业吧。
学　生：谢谢老师！
老　师：不谢！

8. 短语 (8) 属于哪种短语？(　)

A. 述补短语　　B. 述宾短语
C. 联合短语　　D. 同位短语

9. 短语（9）与下列哪个选项所属的短语类别一样？（ ）

A. 我的书　　B. 看懂

C. 好多了　　D. 拿出来

10. 短语（10）属于哪种短语？（ ）

A. 述补短语　　B. 述宾短语

C. 偏正短语　　D. 连谓短语

11. 短语（11）是哪种短语？（ ）

A. 连谓短语　　B. 述宾短语

C. 联合短语　　D. 兼语短语

五、知识链接

有关短语的详细情况，请参见：

1. 北京大学中文系现代汉语教研室．现代汉语（增订本）．北京：商务印书馆，2012．

2. 黄伯荣，廖序东．现代汉语（下册）（增订三版）．北京：高等教育出版社，2002．

3. 朱德熙．语法讲义．北京：商务印书馆，1982．

第六章　句子成分

汉语的句子成分主要有主语、谓语、宾语、定语、状语、补语，它们在句子中所起的语法功能不同。

第一节　主语、谓语和宾语

一、案例导入

第 1—4 题

请选出下列各句中的主语对应的语义格，在 A—E 中进行选择，其中有一个多余选项。

1. 今天有课。
2. 你找谁？
3. 衣服洗了吗？
4. 毛衣织好了。

A. 结果
B. 受事
C. 时间
D. 施事
E. 处所

答案与解析

1. 答案 C。该题主要考查对时间语义格的了解和掌握情况。该句主语“今天”表示时间，因此答案是 C。

2. 答案 D。该题主要考查对施事语义格的了解和掌握情况。该句主语“你”是行为动作的发出者，是施事，因此答案是 D。

3. 答案 B。该题主要考查对受事语义格的了解和掌握情况。该句主语“衣服”是行为动作承受的对象，是受事，因此答案是 B。

4. 答案 A。该题主要考查对结果语义格的了解和掌握情况。该句主语“毛衣”是行为动作产生的结果，因此答案是 A。

二、基本知识

(一) 主语

主语是句子叙述、说明或描写的对象，一般位于句首，例如：

① ***我们*** 学习汉语。
② ***今天*** 星期一。
③ ***这个西瓜*** 非常甜。

充当主语的可以是名词、代词、“的”字短语，也可以是动词、形容词等，例如：

① ***今天*** 是周五。
② ***他*** 是口语老师。
③ ***妈妈做的*** 非常好吃。
④ ***笑*** 比哭好。
⑤ ***热*** 没关系。

汉语的主语有定指的倾向，即一般是听说双方都知道的事物，例如：

① ***李老师*** 说明天不听写。
② ***手机*** 找到了吗？

正因为如此，数量（名）做主语一般有条件限制，多用于对比、强调或分配任务等，例如：

① 这两件衣服，***一件*** 太大，***一件*** 太小，我都穿不了。
② 我***一天*** 都没迟到过。
③ 你们两个，***一个*** 做饭，***一个*** 洗衣服。

主语可以是施事，也可以是受事、结果、处所、时间、工具等，例如：

① ***我*** 吃包子。
② ***苹果*** 卖完了。
③ ***作文*** 写了吗？
④ ***北京*** 有多很名胜古迹。
⑤ ***明天*** 开运动会。
⑥ ***这把刀*** 切过生肉，别切西瓜。

例①的“我”是施事，例②的“苹果”是受事，例③的“作文”是结果，例④的“北京”是处所，例⑤的“明天”是时间，例⑥的“这把刀”是工具。

（二）谓语

谓语对主语进行叙述、说明或描写，例如：

① 我***去过上海***。
② 昨天***有点热***。

充当谓语的可以是动词、形容词、名词、数量（名）等，例如：

① 我***有***。
② 这件衣服***好看***。
③ 刘老师***北京人***。
④ 这本书***三十五块***。

汉语的形容词一般不单独做谓语，做谓语时前面一般要有程度副词，例如：

① 这个菜***有点辣***。
② 三十块钱***太贵***了。

如果谓语前没有程度副词，一般表示对比，例如：

① 今天***热***。
② 你***高***。

例①“今天热”暗含着“昨天冷”，即存在一个对比项；例②“你高”暗含着“他矮”的意思，也存在着对比。

做谓语的形容词前一般不能使用动词“是”，使用“是”时是表示确认，例如：

① 烤鸭***是***好吃。
② 她***是***漂亮。

例①的“是好吃”意思是“确实好吃”，例②的“是漂亮”意思是“确实漂亮”，都含有确认的意思。

（三）宾语

宾语表示行为动作的结果或涉及的对象等，例如：

① 你做**饭**。

② 他找**谁**？

充当宾语的可以是名词、代词、数量（名）、“的”字短语、动词、形容词等，例如：

① 中午吃**饺子**吧。

② 这是**什么**？

③ 你要**几瓶啤酒**？

④ 我喜欢**红色的**。

⑤ 孩子都喜欢**玩儿**。

⑥ 你觉得**热**吗？

汉语有些动词，像“给、送、借、租、还、告诉、教”等可以带两个宾语，一个宾语是指人的，是间接宾语；另一个是指事物的，是直接宾语，直接宾语一般为数量（名），例如：

① 生日的时候我送**你一件礼物**。

② 你等一会，我告诉**你一件事**。

③ 刘老师教**我们口语**。

有些双音节动词，像“想起、想到、发生、出现、收到、遇到”等，所带的宾语也常常为数量（名），例如：

① 我想起**一件事**。

② 昨天在超市遇到**一位多年未见的老朋友**。

宾语可以是受事、结果、施事、处所、对象等，例如：

① 我买**一支笔**。

② 你做**饭**。

③ 学校来了**一位新老师**。

④ 妈妈去**北京**了。

⑤ 这个包送**弟弟**。

例①的“一支笔”是受事，例②的“饭”是结果，例③的“一位新老师”是施事，例④的“北京”是处所，例⑤的“弟弟”是对象。

三、备考指南

本节的重点：

了解、掌握主语的定指性以及形容词谓语前多带程度副词的特点

汉语的主语具有定指性倾向；形容词一般不单独做谓语，做谓语时前面一般带程度副词，正因为如此，外国学生有时把非定指性成分用作主语，也常常在谓语形容词前用上“是”或把光杆形容词用作谓语。要解决这些问题，必须告诉学生汉语主语的特点和形容词谓语的特点，并通过大量的练习来进行强化。

四、模拟练习

第 1—6 题

孩　子：妈妈，(1) 晚上包饺子吧，我想吃饺子。
妈　妈：行啊。(2) 你去买点肉馅和白菜，怎么样？
孩　子：(3) 今天作业多，你去吧。
妈　妈：好吧。(4) 那我去超市了，你好好学习吧。

1. 句 (1) 中的宾语是哪种语义格？(　)
   A. 施事　　B. 受事
   C. 结果　　D. 对象

2. 句 (2) 中的宾语是哪种语义格？(　)
   A. 受事　　B. 结果
   C. 施事　　D. 处所

3. 句 (3) 中的“多”前外国学生常常误用上“是”，原因是什么？(　)
   A. 不了解“是”的意思　　B. 母语负迁移
   C. 不了解“是”的语法特点　　D. “多”是单音节

4. 句（4）中的宾语的语义格是：（　）

A. 受事　　B. 结果

C. 施事　　D. 处所

5. 与句（3）中的主语“作业”一样是定指性的主语的是：（　）

A. 谁知道这件事？　　B. 一斤苹果多少钱？

C. 一天时间太短了。　　D. 她是美国人。

6. 下列选项中的宾语与句（4）中的宾语属于一类的是：（　）

A. 我吃饺子。　　B. 今天学习第五课。

C. 她骑自行车。　　D. 我们都住学校。

五、知识链接

有关主语、谓语和宾语的详细情况，请参见：

1. 刘月华，潘文娱，故韡. 实用现代汉语语法（增订本）. 北京：商务印书馆，2001.

2. 杨德峰. 对外汉语教学核心语法. 北京：北京大学出版社，2009.

第二节　定语

一、案例导入

第 1—2 题

请选出下列各句中的两项定语的关系所属的类别，在 A—B 中进行选择。

1. 这是一件极其严肃的事情。
2. 保卫伟大、光荣的祖国是人民军队的神圣职责。

A. 并列关系
B. 递加关系

答案与解析

1. 答案 B。该题主要考查对递加关系定语的了解和掌握情况。该句中的定语“一件”和“极其严肃”是递加关系，因此答案是 B。

2. 答案 A。该题主要考查对并列关系定语的了解和掌握情况。该句中的定语“伟大”和“光荣”是并列关系，因此答案是 A。

二、基本知识

定语是用来修饰、限定、说明名词或代词的品质与特征的，例如：

① ***红*** 苹果比***青*** 苹果好吃。

② ***骑自行车*** 的那个人是谁？

（一）充当定语的成分

充当定语的可以是名词、代词、形容词、数量词、“的”字短语等，例如：

① ***北方*** 的夏天比南方凉快一些。

② ***我们*** 班比较小。

③ 苹果可是***好*** 东西。

④ 你要***几本*** 书？

（二）定语与“的”

1. 名词

表示领属义的名词做定语一般要带“的”，其他名词做定语一般不带“的”，例如：

① ***北京***的名胜古迹非常多。
② ***口语***老师姓张。

2. 代词

人称代词限制表示人的名词时，一般不带“的”，其他的一般要带“的”，例如：

① 他是***我***朋友。
② ***我们***老师很年轻。
③ ***你***的书包怎么没背回来？

指示代词做定语不带“的”，例如：

① ***这***衣服是谁的？
② 我不认识***那***人。

疑问代词“谁”“怎样”“怎么样”“哪儿”做定语要带“的”，其他的不能带“的”，例如：

① ***谁***的作业没交？
② 他是***怎样***的一个人？
③ 我们***什么***时候出发？

3. 形容词

单音节形容词做定语一般不带“的”，例如：

① 我住***大***房间，你住小的。
② 这次一定要考出***好***成绩。

双音节形容词做单音节名词的定语，要带“的”，做双音节名词的定语一般不带“的”，例如：

① 我有一件***重要***的事要告诉你。

② ***便宜*** 衣服不一定不好看。

形容词重叠式做定语要带“的”，例如：

① 她***大大*** 的眼睛，***长长*** 的头发，很漂亮。
② 我家的孩子每天都穿着***干干净净*** 的衣服去上学。

4. 动词

动词做定语一般要带“的”，例如：

① 这是***吃*** 的东西，哪能放在这儿啊？
② 他***写*** 的字很漂亮。
③ 这是他***学习*** 的地方。

5. 量词重叠式、数量短语及数量结构重叠式

量词重叠式做定语不带“的”，数量短语做定语一般也不带“的”，例如：

① ***条条*** 大路通罗马。
② 我们考了***一次*** 试。
③ 你要***几瓶*** 啤酒？

数量结构重叠式做定语一般带“的”，例如：

① 远处***一排一排的*** 白杨树形成了一条绿色的长廊。
② 书架上摆着***一本本的*** 书。

(三) 多项定语的顺序

1. 并列关系多项定语的顺序

并列多项定语的地位是平等的，它们联合起来共同修饰或限制后面的名词性成分。并列多项定语的顺序比较灵活，一般说话人觉得重要的放在前面，例如：

① ***一楼、二楼*** 的价格差不多。
② ***校长、院长和主任*** 的办公室大小不一样。

并列多项定语一般在最后两项之间用“和”或“或”连接，前几项之间用“、”隔开；并列多项定语一般最后一项后面用“的”，例如：

① ***美国、韩国和日本的***外国学生最多。

② 他是一个***正直、诚实、聪明的***小伙子。

2. 递加关系多项定语的顺序

递加关系多项定语的各项定语之间没有直接的关系，它们依次修饰或限定后面的名词性成分。递加关系多项定语的顺序大致如下：

表示领属关系的名词或代词＞表示时间或处所的＞指示代词＞表示数量的＞主谓短语、动词短语、介宾短语＞形容词（短语）＞不带“的”的形容词、名词＋中心语，例如：

① ***我的那本***语法书呢？

② ***那件妈妈给我买的红***衬衫丢了。

三、备考指南

本节的重点：

了解、掌握定语带“的”的规律以及多项定语的顺序

外国学生对定语带“的”以及多项定语的顺序掌握起来很困难，除了要让学生了解定语带“的”的规律以及多项定语的顺序规律以外，还要进行强化练习。通过强化练习，让学生获得感性认识，从而把定语带“的”不带“的”的规律以及多项定语的顺序内化成知识。

四、模拟练习

第1—4题

请选出下列各组中带下画线的定语的类别，在A—E中进行选择，其中有一个多余选项。

1. 男学生	大型项目	干净衣服	（　）	A. 动词
2. 这人	谁的衣服	大家的意见	（　）	B. 名词
3. 语法书	学校的财产	观念的转变	（　）	C. 形容词
4. 学习的时候	休息的地方	吃的东西	（　）	D. 代词
				E. “的”字短语

第 5—9 题

（大卫给老师打电话）
大　卫：喂，是李老师吗？
李老师：是呀，（1）有什么重要的事吗？
大　卫：对不起，（2）今天来了一个大学时候的好朋友，我不能去上课了。
李老师：是吗？（3）今天学新课。
大　卫：（4）他是我的好朋友，以前没有来过中国，这次特意从美国来看我。
李老师：那好吧。你自己学习吧，有问题可以给我发邮件或者打电话。
大　卫：今天有作业吗？
李老师：当然有。（5）作业是第 80 页第一题的语法练习。
大　卫：谢谢老师。

5. 句（1）中的“的”外国学生常常漏用，原因是什么？（　）
A. 母语负迁移　　B. 目的语和母语负迁移
C. 不明白“的”的意思　　D. 不明白“的”的词性

6. 句（2）中有几个定语？（　）
A. 2 个　　B. 3 个
C. 4 个　　D. 5 个

7. 句（3）中的定语“新”后不带“的”，为什么？（　）
A. “新”是名词　　B. “新”是单音节形容词
C. “新课”是一个词　　D. “课”是单音节

8. 句（4）中的定语“我的”在定语“好”前，原因是什么？（ ）
A. “我”是领属性代词
B. “好”是形容词
C. “我”后带“的”
D. “好”是单音节

9. 句（5）中“第80页第一题的语法练习”的“语法”是哪种定语？（ ）
A. 表示领属关系的名词定语
B. 形容词定语
C. 不带“的”的名词定语
D. 指示代词定语

五、知识链接

有关定语的详细情况，请参见：

1. 刘月华，潘文娱，故韡. 实用现代汉语语法（增订本）. 北京：商务印书馆，2001.
2. 杨德峰. 对外汉语教学核心语法. 北京：北京大学出版社，2009.

第三节　状语

一、案例导入

第 1—5 题

请选出下列各句中状语对应的语法成分，在 A—F 中进行选择，其中有一项是多余的。

1. 慢走！
2. 我一拳把他打倒了。
3. 向右看齐！
4. 你到底去不去？
5. 雨在不停地下着。

A. 介宾短语
B. 形容词短语
C. 动词短语
D. 形容词
E. 数量短语
F. 副词

答案与解析

1. 答案 D。该题主要考查对形容词做状语的了解和掌握情况。该句中的状语“慢”是形容词，因此答案是 D。

2. 答案 E。该题主要考查对数量短语做状语的了解和掌握情况。该句中的状语“一拳”是数量短语，因此答案是 E。

3. 答案 A。该题主要考查对介宾短语做状语的了解和掌握情况。该句中的状语“向右”是介宾短语，因此答案是 A。

4. 答案 F。该题主要考查对副词做状语的了解和掌握情况。该句中的状语“到底”是副词，因此答案是 F。

5. 答案 C。该题主要考查对动词短语做状语的了解和掌握情况。该句中的状语“不停”是动词短语，因此答案是 C。

二、基本知识

(一) 充当状语的成分

能够充当状语的可以是形容词（短语）、副词、介宾短语、数量短语、拟声词、动词短语等，例如：

① 这事一定要***彻底***调查。
② ***别***着急！
③ 李老师***对我们***非常好。
④ 天气***一天天***热起来了。
⑤ 弟弟***“砰”***地把门关上了。
⑥ 你怎么***没完没了***地骂他呀？

（二）状语与“地”

1. 形容词（短语）

单音节形容词做状语不能带“地”，例如：

① ***快***走。
② 你***早***去***早***回。

双音节形容词、形容词短语做状语，描写行为动作者的一般带“地”，例如：

① 孩子们***高兴地***唱了起来。
② 小猫在那儿***痛苦地***叫着。

描写行为动作的一般不带“地”。

① 我一定***努力***学习。
② 大家***早点***走吧

2. 副词

单音节副词做状语不能带“地”，例如：

① 明天***也***有雨。
② 这事老师***不***知道。

双音节副词一般也不带“地”，但也有带的，例如：

① 春天***马上***就要到了。
② 你***亲自***去一趟吧。
③ 管理制度在***逐渐地***完善。

3. 介宾短语

介宾短语做状语不能带“地”，例如：

① ***把灯***打开。
② ***关于这件事***，大家还有什么意见？

4. 数量短语

数量短语做状语不能带“地”，例如：

① 我***一把***就把小偷抓住了。
② 他***一下子***蒙了。

数量结构重叠式做状语可以带“地”，例如：

① 路要***一步步地***走。
② 天***一天一天地***冷了。

5. 拟声词

单音节拟声词做状语要带“地”，多音节的可带可不带，例如：

① 门***砰地***关上了。
② 墙上的钟表在***滴答滴答地***走着。

6. 动词短语

动词短语做状语要带“地”，例如：

① 项目正在***有计划地***进行。
② 同学们在***来来往往地***往新教室里搬桌椅。

（三）状语的类别

1. 描写性状语

对行为动作者的情状或行为动作的情貌、方式进行描写的状语叫描写性状语。这类状语可根据描写对象的不同分为两类，一类是描写行为动作者的，这类状语主要有形容词（短语）、动词短语、固定短语等；另一类是描写行为动作的，这类状语主要有副词、介宾短语、数量短语、拟声词、动词短语、固定短语等。例如：

① 中国朋友**热情**地邀请我去他家。
② 大家**高兴**地说："太好了！"
③ 这件事要**彻底**调查清楚。
④ 一见到我，他就**不停**地问这问那。

例①、②的"热情""高兴"是描写主语"中国朋友"和"大家"的，例③、④的"彻底""不停"是描写行为动作"调查"和"问"的。

2. 限制性状语

从时间、地点、方式、原因、对象、目的等各方面对谓语加以限制的状语叫限制性状语。这类状语主要有副词、介宾短语等，例如：

① 明天考试，大家**上午10点**要来教室。
② 我们**在学校食堂**吃饭。
③ 他**对中国文化特别**感兴趣。

（四）状语的位置

状语一般位于主语的后面，这是状语的常规位置，例如：

① 你**到底**去不去？
② 大家**赶快**回家吧，要下雨了。

有时由于表达等的需要，也可以位于主语前，例如：

① 看样子，**大概**明天有雨。
② **其实**这事谁都知道。
③ **关于什么时候考试**，下周一再告诉大家。
④ **对这事**，不少人都有意见。

能够位于主语前的状语主要是语气副词，还有一些介宾短语。
有时为了突出或强调，也可以把状语放在句末，例如：

① 他走了，**大概**。
② 明天有雨，**也许**。
③ 你可以选修一门课，**根据规定**。

例①的“大概”、例②的“也许”、例③的“根据规定”放在句末，是为了强调“他走了”“明天有雨”和“你可以选修一门课”。

（五）多项状语的顺序

1. 并列关系多项状语的顺序

并列关系多项状语的地位是平等的，它们联合起来共同修饰或限制同一个中心语。并列关系多项状语的顺序相对自由一些，例如：

① 你要***对自己、对家人***负责，不能乱来。
② 你要***对家人、对自己***负责，不能乱来。

并列关系多项状语之间一般用“、”隔开，如果用“地”，要放在最后一项状语后面，例如：

① 要***坚决、彻底地***把这些问题解决掉。
② 试卷做完后，再***认真、仔细地***检查一遍。

如果要突出多项状语，也可以每项后面都用“地”，例如：

① 希望同学们***积极地、主动地***报名参加这次汉语大赛。
② 校长***耐心地、诚恳地***听取了大家的意见。

2. 递加关系多项状语的顺序

多项状语依次修饰后面的部分，这些状语没有主次之分，这样的状语是递加关系状语。递加关系多项状语的顺序大致如下：

表示语气、关联的＞表示时间的＞表示范围、否定的＞描写行为动作者的＞表示目的、依据、协同的＞表示处所、方向、路线的＞表示对象的＞描写行为动作的＋中心语，例如：

① 他***果然把我的雨伞***拿走了。
② 大家***都没把作业***交给老师。
③ 我们***一起往后***退。

三、备考指南

本节的重点：

了解、掌握状语带“地”的规律以及多项状语的顺序

外国学生对状语带“地”以及多项状语的顺序掌握起来很困难，除了要让学生了解状语带“地”的规律以及多项状语的顺序规律以外，还要进行强化练习。通过强化练习，让学生获得感性认识，从而把状语带“地”不带“地”的规律以及多项状语的顺序内化为知识。

四、模拟练习

第1—5题

学校附近有一个茶吧，(1) 那儿的环境特别好，(2) 服务员都非常热情，(3) 山本经常跟朋友一起去那儿，一边喝茶，(4) 一边跟服务员聊天，所以他的汉语进步比较大。

大卫也喜欢喝茶，他听说这个茶吧非常好，有很多练习汉语的机会，决定和山本一起去。

1. 句 (1) 中的状语“特别”是：(　)

A. 描写性状语　　B. 限制性状语

C. 形容词状语　　D. 描写动作者的状语

2. 句 (2) 中的状语“都”在“非常”前面，原因是什么？(　)

A. “都”是副词，“非常”是副词

B. “都”是单音节，“非常”是描写“热情”的

C. “都”是单音节，“非常”是双音节

D. “都”是范围副词，“非常”是描写“热情”的

3. 句（3）中有几个状语？（　）

A. 2 个　　B. 3 个

C. 4 个　　D. 1 个

4. 句（4）中的状语“一边”和状语“跟服务员”是什么关系？（　）

A. 递加关系　　B. 并列关系

C. 没关系　　D. 同类关系

5. 句（2）中的状语“都”和“非常”的关系与下列哪个选项中状语的关系相同？（　）

A. 认真、仔细地检查　　B. 对国家、对个人有好处

C. 迅速、准确地给以反击　　D. 马上亲自去一趟

五、知识链接

有关状语的详细情况，请参见：

1. 刘月华，潘文娱，故韡. 实用现代汉语语法（增订本）. 北京：商务印书馆，2001.

2. 杨德峰. 对外汉语教学核心语法. 北京：北京大学出版社，2009.

第四节　补语

一、案例导入

第 1 题

大　卫：玛丽，你说得不错，你学了多长时间？
玛　丽：学了（1）两年。你呢？
大　卫：我学了（2）一年半。
玛　丽：咱们学的时间差不多。你的汉字写得（3）挺不错的，你是怎么学的呢？
大　卫：我每天都坚持练习（4）三个小时，有时写得手都酸了，也不放弃。
玛　丽：怪不得呢！看来你真是一个学霸。
大　卫：不敢当！

下列哪个选项不是时量补语？（　）

A. 两年　　B. 一年半
C. 挺不错　　D. 三个小时

答案与解析

1. 答案 C。该题主要考查对各种补语的了解和掌握情况，以及学习者对各种补语的辨别能力。A、B、D 都是时量补语，C 的“挺不错”是情态补语，因此答案是 C。

二、基本知识

汉语的补语很复杂，按照补语所表示的不同意义可分为结果补语、趋向补语、可能补语、情态补语、程度补语、数量补语和介宾补语。

（一）结果补语

结果补语表示行为动作产生的结果，例如：

① 我的自行车修**好**了吗？

② 这本书看**完**了。

③ 这一课的汉字我都记**住**了。

充当结果补语的主要是形容词和动词。单音节形容词做结果补语的比较多，有些双音节形容词也可以做结果补语，例如：

① 飞机票买**好**了。

② 衣服洗**干净**了。

③ 这个问题老师讲**清楚**了。

有些单音节动词可以做结果补语，常见的有“懂”“见”“住”“着”“完”“光”“走”“跑”“哭”“掉”“到”“倒”“丢”“翻”等，例如：

① 他说的话我一句也没听**懂**。

② 你把孩子吓**哭**了。

③ 昨天我在网上买的东西还没送**到**。

（二）趋向补语

1. 充当趋向补语的成分

充当趋向补语的都是趋向动词。汉语的趋向动词主要如下：

趋向动词	上	下	进	出	回	过	起	开
来	上来	下来	进来	出来	回来	过来	起来	开来
去	上去	下去	进去	出去	回去	过去	—	开去

“来”“去”“上”“下”“进”“出”“回”“过”“起”“开”是单音节趋向动词，它们充当的补语是简单趋向补语；“上来”“上去”“下来”“下去”“进来”“进去”“出来”“出去”“回来”“回去”“过来”“过去”“起来”“开来”“开去”是双音节趋向动词，它们充当的补语是复合趋向补语。

2. 趋向补语的语法意义

趋向补语的基本语法意义是表示行为动作的方向，即趋向意义。大部分趋向动词还有引申意义。

（1）趋向意义

趋向补语的基本语法意义是表示行为动作的方向，例如：

① 你把书给我送***来***吧。
② 钱给你寄***去***了。
③ 考试卷子发***下来***了。
④ 咱们把桌子搬***出去***吧。

(2) 结果意义

趋向补语有时候表示动作有了结果，例如：

① 我考***上***了研究生。
② 期末考试时间定***下来***了。

(3) 状态意义

趋向补语“上”“起”“开”“下去”“起来”等还可以表示行为动作的状态，例如：

① 孩子怎么又哭***上***了？
② 外边下***起***雨了。
③ 她又哭***开***了，你去劝劝吧。
④ 已经九月了，不会再热***下去***了。
⑤ 刚五月，天气就热***起来***了。

3.“了”在“动词＋趋向补语”中的位置

“了”出现在“动词＋趋向补语”有两个位置：“动词＋趋向补语＋了”“动词＋了＋趋向补语”。

(1) 动词＋趋向补语＋了

“动词＋趋向补语＋了”中的趋向补语可以是简单趋向补语，也可以是复合趋向补语，例如：

① 妈妈把圣诞礼物给我寄***来了***。
② 公共汽车开***过来了***。

“动词＋趋向补语＋了”可以做主语、宾语，例如：

① ***回来了***就好。
② 那本书我记得***送回去了***。
④ 护照他说***交上去了***。

“动词＋趋向补语＋了”可以带宾语和数量补语，例如：

① 朋友给我**发来了一条短信**。

② 孩子**跑出去了半天**，怎么还没回来？

否定副词可以出现在“动词＋趋向补语＋了”前面，例如：

① 这是秘密，**别**说出去了！

② 你腿不好，**不要**站起来了！

“动词＋趋向补语＋了”可以组成“的”字短语，也可以单独用来提问或回答问题，例如：

① **拿回去了的**就算了，不许再往家里拿了。

② A：（手机）**找回来了**？

B：**找回来了**。

“动词＋趋向补语＋了”可以加上“吗”构成疑问句，也可以用“没有”构成正反疑问句，例如：

① 我买的东西送来了**吗**？

② 钱寄过来了**没有**？

“动词＋趋向补语＋了”一般用于陈述，不用于描写。

（2）动词＋了＋趋向补语

“动词＋了＋趋向补语”中的趋向补语只能是“来”“去”以及复合趋向补语，例如：

① 学校把你们的家长也请了**来**。

② 没说两句，两个人就吵了**起来**。

“动词＋了＋趋向补语”只能做谓语，例如：

① 小狗从门缝中慢慢**爬了出来**。

② 我想了半天，才**想了起来**。

“动词＋了＋趋向补语”做谓语的句子带有描写的色彩，句子中常常有表示情态的副词。

4.“动词＋趋向补语”带宾语

“动词＋简单趋向补语”带宾语有两种位置：“动词＋简单趋向补语＋宾语”“动词＋宾语＋简单趋向补语”。

（1）“动词＋简单趋向补语＋宾语”的宾语

补语为“来”“去”时，宾语一般为数量（名），例如：

① 这次回国，我给你带来***一点吃的***。

② 家里给他寄去***一些水果***。

但是，“希望”“实惠”“失望”“效果”“问候”等一些抽象名词也可以位于“来”“去”的后面，例如：

① 改革开放给农民带来了***实惠***。

② 请给他们带去我的***问候***。

补语为“来”“去”以外的趋向补语时，“动词＋简单趋向补语＋宾语”中的宾语一般没有什么限制，例如：

① 请大家抬起***头***，看黑板。

② 我们走上***楼***，别坐电梯了。

（2）“动词＋复合趋向补语”的宾语

“动词＋复合趋向补语”带宾语有三个位置：“动词＋复合趋向补语＋宾语”“动词＋简单趋向补语＋宾语＋来/去”“把＋宾语＋动词＋复合趋向补语”。

“动词＋复合趋向补语＋宾语”的宾语为数量（名），例如：

① 大家拿出来***一张纸***，我们听写。

② 天热，你脱下来***一件衣服***吧。

“动词＋简单趋向补语＋宾语＋来/去”的宾语可以为数量（名），也可以是处所名词、事物名词，例如：

① 我渴了，给我递过***一瓶水***来。

② 老师走进***教室***来了。

③ 自行车坏了，不能骑，你把它推回***家***去。

“把＋宾语＋动词＋复合趋向补语”的宾语一般是已知的，即是说话人和听话人都知道的，例如：

① 把***手***举起来！

② 请大家把***作业***交上来。

（三）可能补语

1. 充当可能补语的成分

“动词＋得/不＋可能补语”表示可能或不可能有某种结果或趋向等。大多数结果补语和趋向补语都能转换为可能补语，例如：

打好—打得好
　　　＼打不好

洗干净—洗得干净
　　　　＼洗不干净

爬上去—爬得上去
　　　　＼爬不上去

想起来—想得起来
　　　　＼想不起来

充当可能补语的主要是形容词和动词，例如：

① 他的汉语不好，说得***清楚***吗？
② 坐在后面你听得***见***吗？

“动词＋得＋可能补语”的否定形式是“动词＋不＋可能补语”，而不是“不＋动词＋得＋可能补语”，例如：

① 这么多生词我***记不住***。
② 这件衣服太脏了，***洗不干净***。

宾语放在“动词＋得/不＋可能补语”的后面，例如：

① 我找不到***手机***了。
② 大家都听不懂***你说的话***。

如果补语为复合趋向动词，宾语为数量（名）时，可以位于复合趋向动词之间，也可以位于复合趋向动词后面，例如：

① 你拿得出***一万块钱***来，我拿不出来。
② 你拿得出来***一万块钱***，我拿不出来。

2. 几种特殊的可能补语

汉语中有一些特殊的可能补语，主要有以下两种。

（1）动词＋得

“动词＋得”意思相当于“能＋动词”，这种用法都用在口语中，而且动词非常少，常见的有“看”“去”“吃”“玩”“要”“动”等。不过，“动词＋得”

做谓语的句子一般不能单独使用，后面要有对比句，例如：

① 他看**得**，我也看**得**。
② 你去**得**，我也去**得**。

“动词＋得”的否定形式是“动词＋不＋得”，意思相当于“不能＋动词”，例如：

① 那儿很危险，去**不得**！
② 这东西有毒，吃**不得**！
③ 这东西很娇贵，动**不得**！

(2) 动词＋不＋了

“动词＋不＋了”表示主、客观条件不允许实现，具有熟语性，例如：

① 今天我看这雨下**不了**。
② 明天我有事，去**不了**。

3. 可能补语的否定形式和“不能＋动词”的区别

可能补语的否定形式表示主、客观条件或情理上不允许，例如：

① 我没带驾照，**开不了**车。
② 他的钥匙丢了，**进不去**房间。
③ 你家的钱太多了，**花不完**。

“不能＋动词”表示不准许或禁止，例如：

① 你喝酒了，**不能开车**。
② 这儿是军事基地，**不能进去**。
③ 这是我一个月的生活费，今天**不能花完**。

(四) 情态补语

情态补语表示行为动作的结果或状态，前面要用“得”，例如：

① 你唱得**不错**。
② 这次大家考得**很好**。

1. 充当情态补语的成分

充当情态补语的主要是动词短语、形容词（短语）和主谓短语等，例如：

① 风刮得***睁不开眼***。
② 他的汉字写得***很漂亮***。
③ 大家笑得***肚子都疼了***。

2.“动词＋得＋情态补语”带宾语的位置

“动词＋得＋情态补语”不能直接带宾语；要带宾语，必须重复动词，把宾语放在第一个动词的后面，例如：

① 北京人说***话***说得很快。
② 他打***乒乓球***打得不错。

3. 情态补语的位置

情态补语一般位于动词的后面，例如：

① 衣服洗得***挺干净***的。
② 这次玩得***很开心***。

口语中为了突出或强调情态补语，情态补语也可以移到句首，后面用逗号隔开，例如：

① ***挺干净***的，衣服洗得！
② ***很开心***，这次玩得！

例①强调情态补语“挺干净”，例②强调情态补语“很开心”。

4. 几种特殊的情态补语

汉语中有一些特殊的情态补语，主要有以下两种。

(1) 动词＋个＋情态补语

“动词＋个＋情态补语”口语中用得比较多，补语多是形容词、动词（短语）、固定短语等，例如：

① 考完试，我们出去玩个***痛快***。
② 上午雨一直下个***不停***，我都没出门。
③ 这孩子哭起来就哭个***没完***，太烦人了。

(2) 动词＋得

“动词＋得”是口语中的一种特殊说法，“得”后的补语没有说出来，后面有时可以补上“这样”“没法说”“不得了”之类的成分，主语前经常有“看”“瞧”之类的动词，含有夸张的色彩，给人一种程度非常高，无法形容的意味，例如：

① ***看***你***累得***！

② ***看***你把妈妈***气得***！

③ ***瞧***孩子把房间***弄得***！

（五）程度补语

表示所达到的程度或状态的补语叫程度补语。程度补语有两类：一类是“形容词/动词＋程度补语＋了”；一类是“形容词/动词＋得＋程度补语”。

1. 形容词/动词＋程度补语＋了

“形容词/动词＋程度补语＋了”中的程度补语主要有表示程度高的“极”“多”“坏”“死”“透”“远”等，例如：

① 屋子里热***极***了！

② 我的汉语比你差***远***了。

2. 形容词/动词＋得＋程度补语

“形容词/动词＋得＋程度补语”中的程度补语主要有“很”“慌”“多”“要死”“要命”“不行”“够呛”“厉害”“可以”“不得了”等，例如：

① 这儿的东西贵得***很***。

② 昨天我气得***要死***。

（六）数量补语

数量补语用在动词后表示行为动作持续的时间或行为动作结束后到说话时经过的时间，有的表示行为动作发生的次数。数量补语有动量补语和时量补语两类。

1. 动量补语

动量补语表示行为动作发生的次数，例如：

① 帮我推**一下**车！

② 你去**一趟**上海吧。

“动词＋动量补语”带宾语的位置：

“动词＋动量补语”可以带宾语，宾语一般位于动量补语的后面，例如：

① 我们见过两次***面***。

② 有时间一起吃一顿**饭**。

但是，宾语为指人、动物的名词时，既可以位于动量补语前，也可以位于动量补语后，例如：

① 咱们问***老师***一下。

② 咱们问一下***老师***。

宾语为代词以及量词为“拳”“脚”“把”“巴掌”“刀”“枪”等时，宾语只能位于动量补语前面，例如：

① 我打了***他一拳***。

② 他踢了***我一脚***。

③ 他推了***我一把***。

2. 时量补语

时量补语表示行为动作持续的时间或行为动作结束后到说话时经过的时间，例如：

① 我在这儿待***一个星期***。

② 昨晚才睡了***五个小时***。

时量补语主要有两类，一类表示行为动作持续的时间，一类表示行为动作结束后到说话时经过的时间。

(1) 表示行为动作持续的时间

能带这类时量补语的动词都是持续类动词，例如：

① 大家**等**了一天了。

② 今天我们***上***了四个小时课。

宾语一般位于“动词＋时量补语”的后面，例如：

① 我们学了三个月***汉语***。

② 老师上了一上午***课***，辛苦啦！

宾语在时量补语后面，有时时量补语后面可以带“的”，但宾语不能是指人的名词、代词，例如：

① 我花了一个月***的时间***，才写完这部作品。
② 他们坐了两个小时***的***火车。

宾语为指人的名词、代词时，一般位于时量补语前面，例如：

① 我们找***你***一个小时了，你去哪儿了？
② 刘老师教***玛丽***一年了。

时量补语为“一会儿”“半天”时，宾语可以在时量补语前，也可以在后，例如：

① 等***妹妹***一会儿。
② 等一会儿***妹妹***。

(2) 表示行为动作结束后到说话时经过的时间

能带这类时量补语的动词为结束性动词和动词带结果补语的短语，例如：

① 水***停***了一天了。
② 作业***写完***两小时了。

宾语只能位于“动词＋时量补语”的动词后面，例如：

① 我们***下课***半小时了。
② 哥哥***当兵***三年了。

(七) 介宾补语

介词“在”“给”“自”“于”“向”“往”做补语叫介宾补语，例如：

① 我们住***在学校宿舍里***，很方便。
② 这本书送***给你***。
③ K37次列车开***往武汉***。

三、备考指南

本节的重点：

（一）掌握“动词＋趋向补语”带宾语的位置及条件

“动词＋趋向补语”带宾语的位置很复杂，外国学生常常把宾语的位置弄错。要解决这一问题，可先教授“动词＋简单趋向动词＋宾语＋来/去”这一句型，然后再教授“动词＋简单趋向动词＋来/去＋宾语”这一句型，并着重强调宾语一般为数量（名），进行强化练习。

（二）掌握“动词＋情态补语”带宾语的位置

“动词＋情态补语”带宾语要重复动词，把宾语放在第一个动词后，但外国学生常常把宾语放在情态补语的后面。要解决这一问题，建议采用公式法，即“动词＋宾语＋动词＋情态补语”，来着重强调宾语的位置，并进行强化练习。

（三）掌握“动词＋数量补语”带宾语的位置及条件

“动词＋数量补语”带宾语的位置也很复杂，外国学生常常把宾语的位置弄错。要解决这一问题，除了要讲清楚宾语处于不同位置的条件外，也可采用公式法，即“动词＋宾语＋数量补语”“动词＋数量补语＋宾语”，来着重强调宾语的位置，并进行强化练习。

四、模拟练习

第 1—6 题

请选出下列选项中的补语对应的类型，在 A—G 中进行选择，其中有一个多余选项。

1. 吃一顿　看一次　说一下　（　）
2. 吃得　看得　吃不得　（　）
3. 走累　洗干净　饿晕　（　）
4. 打个落花流水　说个不停　玩个痛快　（　）
5. 放在这儿　送给我　来自北京　（　）
6. 爱上　撕下　跑进　（　）

A. 结果补语
B. 情态补语
C. 可能补语
D. 介宾补语
E. 趋向补语
F. 数量补语
G. 程度补语

第 7—12 题

西红柿是一道家常菜，非常好做：(7) 先把西红柿洗干净，切成小块，然后把鸡蛋打在碗里，用筷子搅拌均匀。之后，(8) 把火点着，把锅放在火上，往锅里倒一些油，等油烧热以后，把鸡蛋倒进锅里去，(9) 用铲子或筷子迅速把鸡蛋扒拉开，等鸡蛋炒熟后，再 (10) 把西红柿倒进锅里去，翻炒几下以后，放进去一点盐，再 (11) 翻炒半分钟，关掉火，把炒好的西红柿鸡蛋盛在盘子里，一盘看起来好看，吃起来好吃的西红柿炒鸡蛋就做好了。

7. 句（7）中含有哪种补语？（　）

A. 结果补语　　B. 趋向补语
C. 程度补语　　D. 情态补语

8. 句（8）中含有哪种补语？（　）

A. 情态补语　　B. 趋向补语
C. 结果补语　　D. 程度补语

9. 句（9）中的补语是：（　）

A. 程度补语　　B. 趋向补语

C. 情态补语　　D. 结果补语

10. 句（10）中的“锅里”外国学生常常放在“去”后面，原因是什么？（　）

A. 母语负迁移　　B. 目的语负迁移

C. 不明白“锅里”的语法特点　　D. 不明白“锅里”的意思

11. 句（11）中含有哪种补语？（　）

A. 时量补语　　B. 动量补语

C. 情态补语　　D. 程度补语

12. 下列哪个选项不含介宾补语？（　）

A. 然后把鸡蛋打在碗里　　B. 把锅放在火上

C. 把炒好的西红柿鸡蛋盛在盘子里　　D. 再把西红柿倒进锅里

五、知识链接

有关补语的详细情况，请参见：

1. 刘月华，潘文娱，故韡. 实用现代汉语语法（增订本）. 北京：商务印书馆，2001.

2. 杨德峰. 对外汉语教学核心语法. 北京：北京大学出版社，2009.

第七章　单句

由词或短语构成，有特定的语调，能独自表达一定的意思，且不可再分析出分句的语言单位叫单句。汉语的单句可以按照功能或构成成分进行分类。

第一节　句子的功能分类

一、案例导入

第1—2题

> 大　卫：(1) 明天几号？
> 马　克：15号。
> 大　卫：(2) 明天我们有听写吧？
> 马　克：对。(3) 你准备得怎么样？
> 大　卫：这一课的生词太多，我才记住了一半，(4) 你呢？
> 马　克：你比我强多了，我才记住几个。
> 大　卫：今天晚上我们又得开夜车了。
> 马　克：我们加油吧！

1. 下列选项中哪一个是是非问句？(　)

A. (1)　　B. (2)

C. (3)　　D. (4)

2. “明天我们有听写吗？”和“明天我们有听写吧？”的主要区别是什么？(　)

A. 句类不同　　B. 疑问语气词不同

C. 疑问程度不同　　D. 语气不同

答案与解析

1. 答案B。该题主要考查对汉语句类的了解和掌握情况。A、C、D是特指问句，B是是非问句，因此答案是B。

2. 答案C。该题主要考查对疑问语气词“吗”和“吧”的区别的了解和掌握情况。“吗”和“吧”都可以用于是非问句，但是“吗”是用于全疑问句，“吧”用于半信半疑问句，即疑问程度不同，因此答案是C。

二、基本知识

汉语的句子按照功能分为陈述句、疑问句、祈使句和感叹句。

（一）陈述句

陈述句主要用来陈述事实或说明情况，例如：

① 他是老师。

② 明天有雨。

（二）疑问句

疑问句主要用来提出问题或进行询问，例如：

① 明天考试吗？

② 你找谁？

疑问句按照结构特点可以分为五类：是非问句、特指问句、正反问句、选择问句和反问句。

1. 是非问句

要求做出肯定或否定回答的问句是是非问句。是非问句按照结构特点又可以分为以下三种：

（1）陈述句带疑问语调

陈述句带上疑问的语调就成了是非问句，例如：

① 你是美国人？

② 今天有听写？

(2) 陈述句带上“吗”“吧”

陈述句句末带上疑问语气词“吗”“吧”，就变成了是非问句，例如：

① 你是美国人**吗**？

② 今天有听写**吧**？

“吗”和“吧”都可以构成是非问句，但是带“吗”的问句疑问程度非常高，在不知道问题的答案的情况下使用，是全疑而问；带“吧”的问句是在知道问题的答案，但不能肯定的情况下使用的，有揣测语气，是半疑而问。

(3) 陈述句后面有“好吗”之类

说话人先提出自己的看法、建议等，然后在句末加上“好吗”“可以吗”“对吗”“行吗”等表示疑问，“好吗”“可以吗”“对吗”“行吗”前面有逗号隔开，例如：

① 咱们回家，**好吗**？

② 休息一会儿，**可以吗**？

2. 特指问句

用疑问代词或疑问副词提问的句子叫特指问句。特指问句中常见的疑问代词有“谁”“什么时候”“哪儿”“哪里”“几时”“多少”“怎么”“怎么样”等，疑问副词有“多”等，例如：

① 他是**谁**？

② 现在**几**点？

③ 我们**怎么**走？

3. 正反问句

用肯定和否定形式并列的方式进行提问的问句叫正反问句，例如：

① 暑假你**回不回**国？

② 烤鸭**好吃不好吃**？

正反问句可以根据构成成分的不同进一步分为以下三类：

(1) 动词或形容词的肯定和否定形式并列提问

这是常见的正反问句，例如：

① 你**去不去**？

② 那边的雨**大不大**？

(2) 含有“是不是”

在陈述句的谓语前面加上“是不是”，或者在句首、句末加上“是不是”，就成了“是不是”正反问句，例如：

① 明天**是不是**学新课？
② **是不是**星期五考试？
③ 他是美国人，**是不是**？

(3) 陈述句后面有“好不好”之类

陈述句后面有“好不好”“行不行”之类也成了正反问句，例如：

① 中午吃饺子，**好不好**？
② 明天去，**行不行**？

4. 选择问句

说话人提出两个或两个以上可能的答案供听话人做出选择的问句叫选择问句，例如：

① **是**饺子好吃，**还是**包子好吃？
② 你**是**明天走**还是**后天走？

5. 反问句

反问句是用疑问的语气来对某种情况或事实表达肯定或否定，有强调的意味。一般情况下，肯定形式表达否定的意思，否定形式表达肯定的意思，例如：

① 你都不认识他，你能知道他的名字吗？
② 这么好吃的东西，难道还会不好吃吗？

汉语中还有一些特殊的反问句，主要有以下几种：

(1) 动词或形容词后面加“什么”

口语中经常在动词或形容词后面加“什么”表示反问，例如：

① 这儿没意思，**看什么**呀？走吧！
② 今天才 25 度，**热什么**？

(2)“有什么”后面加形容词

“有什么”后面加形容词也可表示反问，例如：

① 大家不要围观了，这**有什么好看**的？

② 烤鸭很贵，**有什么好吃**的？

(3) 动宾结构后加“做/干什么”

动宾结构后加“做/干什么”表示没有必要或不应该的反问语气，例如：

① 上课带相机**干什么**？

② 食堂关门了，去食堂**做什么**？

(4)“谁说……”

口语中“谁说……”用于否定某种情况或对方的看法来表示反问，例如：

① **谁说**这个字我不认识？

② **谁说**明天没有听写？

(5)“你说”后加正反疑问形式

口语中“你说”后加正反疑问形式表示反问，例如：

① 我们玩了一天了，**你说**累不累？

② 这个字老师都不认识，**你说**难不难？

(三) 祈使句

表示请求、命令、催促或劝告等的句子叫祈使句，例如：

① 大家都回去吧！

② 明天早点来！

③ 别忘了带相机！

祈使句一般用“别”“不要”“不用”“不准”“不许”进行否定，例如：

① 大家**不要**离开这儿！

② 还没下班，**不许**回家！

(四) 感叹句

表示赞美、惊讶等强烈感情的句子叫感叹句，例如：

① 今天的空气多好啊！

② 这件衣服真漂亮！

感叹句分为两类，一类是“（主语）＋多/多么/真＋形容词”，例如：

① 我们老师多么耐心呀！
② 现在的孩子真聪明！

还有一类是“多/多么/好＋形容词＋的＋名词”，例如：

① 多聪明的孩子！
② 多么难写的汉字啊！

三、备考指南

本节的重点：

（一）了解、掌握各类句子的特征

了解、掌握各类句子的特征，并能对具体的句子进行分析和归类。

（二）了解、掌握带“吗”和“吧”的是非问句的区别

“吗”和“吧”构成的问句都是是非问句，但带“吗”的是全疑而问，疑问程度非常高；“吧”是半疑而问，即在对问题的答案不能肯定的情况下进行的发问。外国学生容易混淆带“吗”的是非问句和带“吧”的是非问句，要解决这一问题，除了讲清楚这两种是非问句的区别以外，还要进行强化练习。

（三）了解、掌握“吗”的使用条件

“吗”用于是非问句和反问句，不能用于选择问句、特指问句和正反问句。外国学生容易在特指问句后面加上疑问语气词“吗”，要解决这一问题，除了要让外国学生明白“吗”不能用于特指问句外，还要加强训练，通过大量的练习，让学生养成习惯。

四、模拟练习

第1—7题

大　卫：老师，(1) 您等一下！
老　师：(2) 有事吗？
大　卫：(3) 明天我能不能请假？
老　师：为什么请假呢？
大　卫：我女朋友从美国来看我，我要陪她去旅游。
老　师：是吗？你想请几天假？
大　卫：我们想去上海、广州、香港旅游，大概需要一个星期。
老　师：对不起，一个星期我不能批准。
大　卫：(4) 为什么？
老　师：(5) 你不知道吗？学校规定，一个星期不上课，必须到外国学生办公室去请假，我只能批准3天的假。
大　卫：哦，我想起来了，好像《外国学生手册》中有这样的规定。

请选出对话中画线句子对应的句类，在A—F中进行选择，其中有一个选项是多余的。

1. ________
2. ________
3. ________
4. ________
5. ________

A. 反问句
B. 选择问句
C. 特指问句
D. 祈使句
E. 正反问句
F. 是非问句

6. "你想请几天假？"与下列哪个选项属于同一类问句？(　)
A. 我的衣服呢？
B. 他是老师吧？
C. 你去不去图书馆？
D. 老师不是告诉我们了吗？

7.“今天天气真不错!”与下列哪个选项属于同一类句子?(　)

A. 多可爱的孩子呀!

B. 我们回去吧!

C. 这件衣服非常漂亮。

D. 好吃什么呀?

五、知识链接

有关句类的详细情况，请参见：

杨德峰. 对外汉语教学核心语法. 北京：北京大学出版社，2009.

第二节 句子的构成成分分类

一、案例导入

第 1—4 题

请选出下列句子对应的句类，在 A—E 中进行选择，其中有一个多余选项。

1. 蛇！ （ ）
2. 一人一个。 （ ）
3. 起风了！ （ ）
4. 弟弟学习很好。 （ ）

A. 主谓谓语句
B. 祈使句
C. 名词性谓语句
D. 动词性非主谓句
E. 名词性非主谓句

答案与解析

1. 答案 E。该题主要考查对名词性非主谓句的了解和掌握情况。“蛇”是名词，单独成句，因此答案是 E。

2. 答案 C。该题主要考查对名词谓语句的了解和掌握情况。“一个”是名词性成分，做谓语，所以答案是 C。

3. 答案 D。该题主要考查对动词性非主谓句的了解和掌握情况。“起风”是动词短语，单独成句，因此答案是 D。

4. 答案 A。该题主要考查对主谓谓语句的了解和掌握情况。“弟弟学习很好”的“弟弟”和“学习”都是主语，所以答案是 A。

二、基本知识

汉语的句子按照构成成分可以分为主谓句和非主谓句。

（一）主谓句

含有主语和谓语的句子叫主谓句，例如：

① 我姓张。

② 大家都同意。

主谓句可以进一步分为动词性谓语句、形容词性谓语句、名词性谓语句和主谓谓语句。

1. 动词性谓语句

谓语主要成分为动词的句子叫动词性谓语句，例如：

① 我***去***。
② 他们都***是***美国人。

2. 形容词性谓语句

谓语主要成分为形容词的句子叫形容词性谓语句，例如：

① 今天有点***热***。
② 他的汉语比我***好***。

3. 名词性谓语句

名词（短语）、数量短语等充当谓语的句子叫名词性谓语句，例如：

① 今天***星期二***。
② 西瓜***一块***。

表示时间、节令、天气、籍贯等的名词（短语）可以做谓语，其他名词一般不能做谓语，例如：

① 现在***八点***。
② 明天***春节***。
③ 星期一***阴天***。
④ 老刘***北京人***。

4. 主谓谓语句

主谓短语充当谓语的句子叫主谓谓语句，例如：

① 苹果***六块钱一斤***。
② 这儿***风景很美***。

（二）非主谓句

句子不能分析为主语和谓语的叫非主谓句。非主谓句可以分为名词性的和动词性的两类。

1. 名词性非主谓句

由名词或名词性短语单独构成的句子叫名词性非主谓句，例如：

① 蛇！
② 多好的天气啊！

2. 动词性非主谓句

由动词或动词性短语单独构成的句子叫动词性非主谓句，例如：

① 出去！
② 下雨了。

三、备考指南

本节的重点：

了解、掌握各类句子的构成成分的特点

了解、掌握各类句子的构成成分的特点，并能对具体的句子进行分析和归类。

四、模拟练习

第1—8题

> 大　卫：（1）下周末圣诞节，你打算做什么？
> 玛　丽：没想好。
> 大　卫：（2）我们圣诞节有一个派对，（3）咱们一起去吧。
> 玛　丽：太好了。派对什么时候开始？
> 大　卫：（4）八点。到时我来找你，（5）我们一起走。
> 玛　丽：好啊，（6）不见不散！
> 大　卫：不见不散！

请选出对话中画线句子对应的句型，在A—G中进行选择，其中有一个多余选项。

1. ________
2. ________
3. ________
4. ________
5. ________
6. ________

A. 动词性谓语句
B. 形容词性谓语句
C. 名词性谓语句
D. 主谓谓语句
E. 动词性非主谓句
F. 名词性非主谓句
G. 祈使句

7. “到时我来找你。”与下列哪个选项属于同一句类？（　　）
   A. 天气真好！　　B. 我下午有课。
   C. 我北京人。　　D. 下雪了！

8. “好啊！”与下列哪个选项属于同一个句类？（　）
   A. 明天没课。　　B. 后天春节。
   C. 地震啦！　　D. 教师里太热！

五、知识链接

有关单句的详细情况，请参见：

杨德峰. 对外汉语教学核心语法. 北京：北京大学出版社，2009.

第八章　特殊句式

所谓特殊句式，就是指句子的结构与平常的结构组成存在着区别和不同。

第一节　“把”字句、“被”字句

一、案例导入

第1—2题

老　师：今天我教你包饺子，好不好？
玛　丽：太好了！我一直想学包饺子，但是一直没有机会。
老　师：来，(1) 你去把这棵白菜洗干净，然后 (2) 把白菜切碎。
玛　丽：好的。(一会儿以后) 老师，白菜被我切碎了，您看行不行？
老　师：切得不够细，再用刀剁一剁。剁碎了以后，用手把白菜挤一下水，(3) 把挤了水的白菜放在我调好的肉馅里。
玛　丽：挤好了，下一步做什么？
老　师：来，用筷子用力搅拌，(4) 把白菜和肉馅搅拌均匀。
玛　丽：搅好了。
老　师：嗯，不错。现在我们就可以包饺子了。给你一张饺子皮，用筷子夹一点儿馅放在饺子皮上。
玛　丽：这么多够吗？
老　师：够了。把饺子皮对折起来，用食指和拇指指尖把饺子皮的两边使劲捏在一起。
玛　丽：老师，捏好了。
老　师：包得不错。
玛　丽：谢谢！

1. 下列“把”字句的谓语动词与其他的不同的是：（　）
   A. 你去把这棵白菜洗干净。
   B. 把白菜切碎。
   C. 把挤了水的白菜放在我调好的肉馅里。
   D. 把白菜和肉馅搅拌均匀。

2. 句（2）中“把白菜切碎”外国学生常常误说成“把一棵白菜切碎”，原因是什么？（　）
   A. 母语负迁移　　B. 目的语负迁移
   C. 动词类型错误　　D. 不清楚“把”的宾语的特点

答案与解析

1. 答案C。该题主要考查对“把”字句谓语动词的了解和掌握情况。A、B、D的“把”字句的谓语动词都是“动词＋结果补语”，是一类；C的“把”字句的谓语动词是“动词＋介宾补语”，所以答案是C。

2. 答案D。该题主要考查对“把”的宾语的了解和掌握情况。“把”的宾语一般是已知的，是听说双方都知道的事物，但“一棵白菜”是数量（名）短语，不是已知的事物，因此答案是D。

二、基本知识

（一）“把”字句

“把＋宾语”做状语的句子叫“把”字句，例如：

① 大家***把作业***交给我。
② 走的时候，***把灯***关掉。

1.“把”字句的构成成分

（1）“把”的宾语

“把”的宾语一般是名词（短语），所指事物一般是听说双方都知道或了解的，例如：

① 上课的时候，请把***手机***关了。

② 我把***那本书***还给图书馆了。

(2)“把”字句的谓语动词

“把”字句的谓语动词一般都有处置性，不能是光杆动词，必须带上补语、动态助词等，例如：

① 把书***打开***。

② 明天有雨，大家把雨伞***带上***！

(3)“把”字句中状语的位置

“把”字句中的状语一般位于“把”字前，例如：

① ***快***把书还给我。

② 大家***早点***把作业交给我。

表示方向、处所或描写行为动作的状语一般放在谓语动词前，例如：

① 把椅子***往前***挪一下。

② 把钥匙***从楼上***扔下来。

(4)“把”字句中的补语

“把”字句中的补语可以是结果补语和趋向补语，例如：

① 他把书包弄***丢***了。

② 把空调打***开***。

③ 把作业上的错字改***过来***。

也可以是情态补语和数量补语，例如：

① 弟弟把妈妈气得***直哭***。

② 考试的时候我紧张得***手心都出汗了***。

③ 你把这里的情况给大家介绍***一下***。

还可以是程度补语和介宾补语，例如：

① 昨天把我累***死***了。

② 你把手机放***在哪儿***了？

但不能是可能补语，下面的说法都是错误的：

① *我把这些啤酒***喝得完***。

② *她把行李***拿不上去***。

2.“把”字句的使用条件

“把”字句一般是行为动作者对“把”的宾语施加作用和影响，使其出现某种情况或结果，例如：

① 把手伸出来！

② 走的时候把灯关掉。

下列情况，一般需用“把”字句：

(1) 谓语动词带“成”“为”“作”“做”等做补语，如果还带双宾语，一般要用“把”字句。例如：

① 你把“升”写***成***了“开”。

② 大家都把她称***为***“女神”。

(2) 谓语动词带介宾补语，如果再带受事宾语，一般要用“把”字句，例如：

① 把电视放***在这儿***吧！

② 我想把这张照片送***给你***。

(3) 谓语动词带受事宾语及受事宾语的情态补语，一般要用“把”字句，例如：

① 我把钱看得***很淡***。

② 他把这事搞得***太复杂***。

(4) 谓语为联合短语，且带宾语，一般要用“把”字句，例如：

他把手机***放进去***，又***拿***了***出来***。

(5) 谓语动词带双宾语，直接宾语比较长，一般用“把”前置直接宾语，例如：

① 我把***那件在上海买的准备结婚穿的裙子***送她了。

② 他把***一个星期前借的一千块钱***还我了。

(二)“被”字句

谓语动词前用介词“被（给、叫、让）”引出施事或单用“被”表示被动的句子叫“被”字句，例如：

① 黑板上的字**被**老师擦了。
② 自行车**让**人偷走了。
③ 他**叫**老师批评了一顿。

1.“被”的宾语

“被”的宾语一般是名词（短语），可以是已知的，也可以是未知的，例如：

① 酸奶被**弟弟**喝了。
② 我的自行车被**人**偷走了。

2.“被”字句的谓语动词

“被”字句的谓语动词一般是有处置性的，不能是光杆动词，必须带上动态助词、补语等，例如：

① 山上的树都被人**砍了**。
② 衣服被雨**淋湿了**。
③ 相机让孩子**玩坏了**。

3.“被”字句中状语的位置

“被”字句中状语一般位于“被”字前，例如：

① 衣服**已经**被我洗了。
② 自行车**大概**叫妹妹骑走了。
③ **不要**被困难吓倒。

表示方向、处所或描写行为动作的状语一般放在谓语动词前，例如：

① 椅子被人**往后**挪了。
② 衬衫和裤子让我**一起**洗了。

4.“被”字句中的补语

“被”字句中的补语可以是结果补语和趋向补语，例如：

① 手机被人偷**走**了。
② 空调让人关**上**了。

③ 衣服被我晾***出去***了。

也可以是情态补语和数量补语，例如：

① 孩子被吓得***“哇哇”大叫***。
② 我被你们气得***不知道该做什么***了。
③ 她被人推了**一下**，所以摔倒了。

还可以是程度补语和介宾补语，例如：

① 我差点被她气***死***了。
② 钱被你藏***在哪儿***了？

但不能是可能补语，下面的说法都是错误的：

① *这些啤酒被我们***喝得完***。
② *今天的作业太多，被大家***做不完***。

三、备考指南

本节的重点：

（一）掌握“把”字句谓语动词、宾语的特点

外国学生使用“把”字句时常常出现谓语是光杆动词、宾语是不定指等错误。要解决这些问题，必须讲清楚“把”字句谓语动词、宾语的特点，并进行强化练习，让学生熟练掌握。另外，外国学生也经常回避使用“把”字句，教学中可通过大量的情景，让学生了解和掌握“把”字句的使用条件。

（二）掌握“被”字句谓语动词的特点

外国学生使用“被”字句时常常出现谓语是光杆动词的错误，因此必须讲清楚“被”字句谓语动词的特点，并进行强化练习，让学生熟练掌握。

四、模拟练习

第1—5题

随着中国的改革和开放，人们的隐私观念也在发生一些变化，(1)过去很多事情不被人们看作隐私，但(2)现在逐渐被当作隐私了，而且“隐私”也正在与国际接轨。比如说，(3)过去年龄不被视为隐私，但现在则有些不同了，女士，特别是年轻的女士，也开始忌讳别人打听自己的年龄，开始把年龄也当作自己的隐私了。(4)过去人们不把工资看作隐私，但现在有些年轻人也开始忌讳别人打听自己的工资，(5)工资也被看作隐私了。凡此种种，都说明人们的隐私观念渐渐地多起来了。

还应该指出的是，中国人的隐私，从内涵上看，与西方人还是有很大的区别的。(6)西方人把跟自己有关的一切都视为隐私，他人不得干涉。但中国人的隐私概念却没有这么宽泛，我们常常把与个人有关的、不好的事情视为隐私，因为(7)万一被他人知道了，有失面子。因此，可以说，中西方对隐私的看法还是很不一样的，中国人的隐私观被渗进了一些价值观，它不光是个人的事情，而且也是社会的事情。

(改编自《汉语与文化交际》)

1. 句(1)中“过去很多事情不被人们看作隐私”外国学生常常说成“过去很多事情被人们不看作隐私”，原因是什么？(　)

A. 目的语负迁移　　B. 母语负迁移

C. 不了解“不”的位置　　D. 不了解“不”的意思

2. 下列哪个选项的“被”字句与其他选项不同？(　)

A. 现在逐渐被当作隐私了。　　B. 过去年龄不被视为隐私。

C. 工资也被看作隐私了。　　D. 万一被他人知道了。

3. 句(4)中“过去人们不把工资看作隐私”外国学生容易误说成“过去人们把工资不看作隐私”，原因是什么？(　)

A. 目的语负迁移　　B. 不了解“不”的位置

C. 不了解“不”的意思　　D. 母语负迁移

4. “西方人把跟自己有关的一切都视为隐私”中的谓语动词与下列哪个选项的谓语动词是一类？（ ）

A. 我把她当作自己的妹妹　　B. 昨天把我气坏了

C. 把椅子往前挪一下　　D. 把手机放在书包里

5. “中国人的隐私观被渗进了一些价值观”中的谓语动词与下列哪个选项中的谓语动词是一类？（ ）

A. 包子被弟弟吃了　　B. 衣服被人偷走了

C. 手机被孩子放在冰箱里了　　D. 桌子被谁搬出去了

五、知识链接

有关“把”字句、“被”字句的详细情况，请参见：

杨德峰. 对外汉语教学核心语法. 北京：北京大学出版社，2009.

第二节　比较句、存现句

一、案例导入

第1—4题

请选出下列句子对应的句型，在A—D中进行选择。

1. 我们学校走了一位老师。
2. 今天没有昨天热。
3. 这个菜的味道不如那个菜。
4. 他的口语跟我一样好。

A. “跟”字比较句
B. 存现句
C. “有”字比较句
D. “不如”比较句

答案与解析

1. 答案B。该题主要考查对存现句的了解和掌握情况。该句表示“一位老师”离开了学校，是典型的存现句，因此答案是B。

2. 答案C。该题主要考查对“有”字比较句的了解和掌握情况。该例中有“有”，且表示比较，所以答案是C。

3. 答案D。该题主要考查对“不如”比较句的了解和掌握情况。该例中有“不如”，且表示比较，因此答案是D。

4. 答案A。该题主要考查对“……跟/和……一样”句的了解和掌握情况。该例中有“跟”，且表示比较，所以答案是A。

二、基本知识

(一) 比较句

比较句用来比较不同人或事物在性状、程度上的差别。汉语的比较句主要有“比”字句、“有”字比较句、“……跟/和……一样”句、“不如”比较句和“像”字比较句。

1.“比”字比较句

汉语的“比”字比较句有两种，一种是“X比Y+谓语”，一种是“X不比 Y+谓语”，例如：

① 我**比**你高。
② 他的汉语不**比**我好。

(1)“X 比 Y+谓语”比较句

“X 比 Y+谓语”的谓语一般为形容词（短语），例如：

① 今天**比**昨天**冷**。
② 饺子**比**包子**好吃多**了。

不过，形容词短语多为“形容词+数量补语”“形容词+得+程度补语”，除了“还/更/再+形容词”，一般不能是“副词+形容词”，例如：

① 手机比电视**贵一千**。
② 他的口语比我**好得多**。
③ 飞机比火车**更安全**。

“X 比 Y+谓语”的谓语也可以是动词短语，常见的动词短语主要有“多/少/早/晚/难/好+动词+（数量补语）”“动词+得+情态补语”“能愿动词+动词（短语）”“有+抽象名词”等，例如：

① 我们班比他们班**多学了一课**。
② 哥哥比弟弟**跑得快**。
③ 他比我**能吃**。
④ 这个孩子比那个孩子**有前途**。

“X 比 Y+谓语”的否定形式是“X 没有 Y+谓语”，不是“X 不比 Y+谓语”，例如：

① 今天**比**昨天冷。→今天**没有**昨天冷。
② 他的口语**比**我好多了。→他的口语**没有**我好。
③ 大卫**比**玛丽高多了。→大卫**没有**玛丽高。

X 和 Y 若都是“名词 1/代词+的+名词 2”，且有些成分相同，Y 中与 X 中相同的部分有时可以省略，主要有三种情况：

X 和 Y 中“名词 1”“代词”和“名词 2”是领属关系（“名词 2”为亲属的除外），且 X 和 Y 的“名词 2”相同，Y 中的“名词 2”可以省略，例如：

① 他的手比你的**（手）**大。

② 一班的学生比二班的（**学生**）少。

“名词2”表示的是“名词1”或“代词”的属性，Y中的“的＋名词2”一般可以省略，例如：

① 那种手机的质量比这种手机（**的质量**）好多了。

② 你的性格比他（**的性格**）好。

X和Y的“名词1”或“代词”如果相同，但“名词2”不同，那么，Y中的“名词1/代词＋的”可以省略，例如：

① 我的语法比（**我的**）汉字好。

② 他的右脚比（**他的**）左脚大。

(2)“X不比Y＋谓语”比较句

“X不比Y＋谓语”不是“X比Y＋谓语”的否定，“X不比Y＋谓语”主要表示X和Y差不多，例如：

① 饺子**不比**包子好吃。

② 你的汉语**不比**英语差。

1)“X不比Y＋谓语”表示的意思

谓语为“大、高、好、远、长、重、宽、漂亮、好看”等正向形容词时，“X不比Y＋谓语”除了表示“X和Y差不多一样＋谓语”外，还含有“X没有Y＋谓语”的意思，例如：

① 今天**不比**昨天热。

② 她**不比**你好看。

谓语为“小、矮、差、近、短、轻、窄、酸”等负向形容词，“X不比Y＋谓语”除了表示“X和Y差不多一样＋谓语（正向形容词）”的意思以外，有时含有“X比Y＋要＋谓语（正向形容词）”的意思，例如：

① 我**不比**你差。

② 橘子**不比**苹果酸。

2)“X不比Y＋谓语”的使用条件

“X不比Y＋谓语”一般是针对前文进行辩驳或更正等，例如：

① A：我觉得发音比汉字难。

B：发音**不比**汉字难，我觉得汉字更难。

② 你的口语**不比**我好，我在口语8班，你怎么在9班呢？

2.“有”字比较句

“X有Y+谓语”这样的句子是“有”字比较句，例如：

① 你**有**我高吗？
② 汉语的语法**有**你说的那么难吗？

(1)“X有Y+谓语”的谓语

“X有Y+谓语”的谓语可以是形容词、“这么/那么+形容词”“动词+得+情态补语”“能愿动词+动词（短语）”等，例如：

① 西瓜有桃**贵**吗？
② 今天有昨天**那么热**。
③ 你有他**说得那么好**吗？
④ 他有你**能喝**吗？

(2)“X有Y+谓语”的否定

“X有Y+谓语”的否定形式是“X没有Y+谓语”，例如：

① 走路**没有**骑车快。
② 这次考试**没有**上次那么难。

“X没有Y+谓语”一般也被看作是“X比Y+谓语”的否定，例如：

① 今天**比**昨天冷。→今天**没有**昨天冷。
② 汉语**比**英语难。→汉语**没有**英语难。

(3)“X有Y+谓语”及否定句的使用情况

“X有Y+谓语”一般做疑问句和答句，例如：

① A：今天**有**昨天热吗？
   B：**有**昨天热。
② A：烤鸭**有**烧鸡好吃吗？
   B：烤鸭**有**烧鸡好吃。

“X没有Y+谓语”可以做疑问句，也可以做陈述句，例如：

① 他的汉语**没有**你的好吗？
② 第一课**没有**第二课好学。

(4)“X有Y＋谓语”的省略

“X有Y＋谓语”的省略情况与“X比Y＋谓语”的省略情况大致相同，例如：

① 他的力气有你的（**力气**）大。

② 这一课的生词没有（**这一课的**）语法难。

3.“……跟/和……一样”句

“X跟/和Y一样＋（谓语）”也常用于比较，表示X和Y在某个方面相同。

“X跟/和Y一样＋（谓语）”的X和Y可以是名词（短语）、代词，也可以是动词（短语），例如：

① 英语**跟/和**汉语**一样**难。

② 你**跟/和**他**一样**瘦。

③ 看了**跟/和**没看**一样**。

“X跟/和Y一样＋（谓语）”的谓语一般为形容词（短语）、动词短语等，例如：

① 他跟/和你一样**高**。

② 大卫跟/和比尔一样**能喝**。

谓语为“动词＋得＋情态补语”，“跟/和Y一样”也可以放在“得”的后面、情态补语的前面，例如：

① 孩子跟/和爸爸**长得**一样帅。→孩子**长得**跟/和爸爸一样帅。

② 她的汉语跟/和英语**说得**一样好。→她的汉语**说得**跟/和英语一样好。

“X跟/和Y一样＋（谓语）”的否定形式是在“一样”前加上否定副词“不”，谓语省略，例如：

① 复习跟/和不复习**不**一样。

② 包子跟/和饺子**不**一样。

“X跟/和Y一样＋（谓语）”中的X和Y，如有相同成分，Y中与X中相同的部分常可以省略，例如：

① 他的脾气跟/和你（**的脾气**）一样。
② 我的左脚跟/和**(我的)** 右脚一样大。

4. “不如”比较句

“X 不如 Y＋（谓语)”也表示比较，例如：

① 汽车**不如**火车快。
② 你的汉语**不如**英语。

“X 不如 Y＋（谓语)”的谓语一般表示说话人希望的情况，可以是形容词（短语)，例如：

① 他的发音不如我的（发音）**好**。
② 今天的温度不如昨天那么**高**。

“X 不如 Y＋（谓语)”的 Y 也可以部分省略，省略情况与“X 比 Y＋谓语”中的 Y 相同。

5. “像”字比较句

“X 像 Y＋谓语”也是比较句，例如：

① 包子**像**饺子一样好吃。
② 他的计算速度**像**电脑一样快。

“X 像 Y＋谓语”的谓语一般是“一样/这么/那么＋形容词/动词（短语)”，例如：

① 火车像飞机**一样快**。
② 弟弟也像哥哥**这么爱唱歌**。
③ 我的口语像他**那么好**就好了。

“X 像 Y＋谓语”的否定形式是“X 不像 Y＋谓语”，例如：

① 手机**不**像电脑那么大，带着很方便。
② 面包**不**像饺子这么难做。

“X 不像 Y＋谓语”的谓语经常省略，但是后面的句子中要出现谓语动词或形容词。例如：

① 哥哥不像弟弟，弟弟**爱学习**。

② 汉语不像英语，英语的语法比较**简单**。

（二）存现句

表示事物存在、出现、消失的句子叫存现句，例如：

① 教室的墙上挂着一幅画。
② 昨天我们班来了一个新同学。

1. 存现句的主语

存现句的主语主要是处所名词、方位词、处所代词，也可以是“名词＋方位词”等，例如：

① **学校**走了几位老师。
② **前面**停着一辆车。
③ **那辆车里**挤着二十几个人。

2. 存现句的谓语动词

存现句的谓语动词主要有三类，一类是表示事物存在的“坐、站、躺、蹲、跪、挤、围、刮、飘、开”等，这类动词经常带“着”，例如：

① 外边**刮着**大风，不要出去了。
② 天空中**飘着**雪花。

一类是表示安放或处置的“放、摆、挂、贴、架、排、刻、画、绣、立、晾、晒”等，这类动词也常常带“着”，例如：

① 书包里**放着**一个钱包、一本书、一支笔。
② 门口**摆着**几盆花。

还有一类是表示出现或消失的“来、走、跑、掉、丢”等，这类动词常常带“了”或趋向动词，例如：

① 班里**走了**一个同学。
② 学校**丢了**几台电脑。

3. 存现句的宾语

存现句的宾语一般为数量（名），例如：

① 她脖子上围着**一条红围巾**。
② 草地里立着**一块大牌子**，上面写着“请爱护草地”。
③ 门口停着**几辆车**，挡住了去路。

三、备考指南

本节的重点：

（一）掌握“比”字比较句的语法特点

外国学生使用“比”字比较句时常常在谓语前加程度副词或否定副词“不”等。要解决这些问题，必须让学生熟知“比”字比较句的谓语前一般不能出现程度副词、“比”字比较句的否定形式不能用“不”。建议采用公式法，用“X 比 Y＋形容词”和“X 没有 Y＋形容词”来凸显形容词前不能出现否定副词、“比”字比较句的否定形式是“X 没有 Y＋形容词”，并在此基础上进行强化练习。

（二）掌握“X 不比 Y＋谓语”比较句的使用条件

外国学生很容易把“X 不比 Y＋谓语”比较句当作“比”字比较句的否定形式来使用，建议教学时把“比”字比较句和“有”字比较句的否定句一起教学，强化它们之间的联系。

（三）掌握存现句主语和宾语的特点

外国学生容易在存现句主语前加介词“在”，宾语前容易漏掉数量成分，教学时应反复强调，加强印象。还可通过改错的办法，来达到强化的目的。

四、模拟练习

第 1—10 题

老　师：你是美国人，你觉得美国和中国有哪些相同之处和不同之处？
大　卫：(1) 美国跟中国一样，都是大国，都有很多少数民族。
老　师：对，还有什么一样的地方呢？
大　卫：(2) 中国有很多美食，美国也一样；中国有很多漂亮的风景，美国也有。不过，我觉得不一样更多一些。
老　师：有哪些不一样呢？你说说。
大　卫：(3) 中国的历史比美国长多了，人口比美国也多多了，当然名胜古迹比美国多，东西也比美国便宜，天气也比美国热一些。
老　师：还有吗？
大　卫：(4) 中国的汽车没有美国多，(5) 面积也不如美国，东西也没有美国贵，不过美国的汽车比中国便宜多了。
老　师：你今天说的比上次好多了。
大　卫：谢谢老师！

请选出对话中画线句子对应的句型，在 A—F 中进行选择，其中有一个多余选项。

1. ________
2. ________
3. ________
4. ________
5. ________

A. “不如”比较句
B. 存现句
C. “有”字比较句
D. “跟”字比较句
E. “比”字比较句
F. “不比”比较句

6. 下列“比”字比较句与其他选项不同的是：（　）
   A. 中国的历史比美国长多了。
   B. 名胜古迹比美国多。
   C. 东西也比美国便宜。
   D. 面积比中国大。

7. “中国的历史比美国长多了”外国学生常常误说成“中国的历史比美国非常长”，原因是什么？（　）

A. 目的语负迁移　　B. 母语负迁移

C. 形容词错误　　D. 句型错误

8. “中国的汽车没有美国多”外国学生有时误说成“中国的汽车不比美国多”，原因最可能是：（　）

A. 母语负迁移　　B. 目的语负迁移

C. “不”的位置错误　　D. 不了解“不比”句的意思

9. “中国有很多美食”外国学生容易误说成“在中国有很多美食”，原因最可能是：（　）

A. 母语负迁移　　B. 句型错误

C. 目的语负迁移　　D. “在中国”位置错误

10. “中国有很多漂亮的风景”外国学生容易误说成“中国有漂亮的风景”，最可能是什么原因？（　）

A. 不了解存现句宾语的特点　　B. 目的语负迁移

C. 母语负迁移　　D. 句型错误

五、知识链接

有关特殊句式的详细情况，请参见：

杨德峰．对外汉语教学核心语法．北京：北京大学出版社，2009．

第九章　复句

由两个或两个以上意义相关、结构上互不包含的分句组成的句子叫复句。汉语的复句可以根据分句之间的语法关系分为联合复句和偏正复句两类。

第一节　联合复句

一、案例导入

第1—4题

请选出下列复句对应的复句类型，在A－E中进行选择，其中有一个多余选项。

1. 包子好吃，饺子也好吃。
2. 你先走，我马上就过去。
3. 要么明天去，要么今天去。
4. 这个菜好吃，那个菜更好吃。

A. 承接复句
B. 递进复句
C. 并列复句
D. 选择复句
E. 转折复句

答案与解析

1. 答案C。该题主要考查对并列复句的了解和掌握情况。该复句的两个分句分别说明相关的事物，没有主次之分，因此是并列复句，所以答案是C。

2. 答案A。该题主要考查对承接复句的了解和掌握情况。该复句由两个分句构成，前一个和后一个存在着时间上的先后关系，因此是承接复句，所以答案是A。

3. 答案D。该题主要考查对选择复句的了解和掌握情况。该复句中有连词“要么”，是典型的选择复句，因此答案是D。

4. 答案B。该题主要考查对递进复句的了解和掌握情况。该复句的第二个分句中有副词“更”，表示意思更进一层，是递进复句，因此答案是B。

二、基本知识

联合复句的各分句意义上没有主次之别。这种复句根据分句之间意义上的关系可进一步分为并列复句、承接复句、递进复句和选择复句。

（一）并列复句

并列复句由两个或两个以上的分句并列组合而成，各分句叙述、说明相关的几种事物或情况等，例如：

① 今天热，明天也热。
② 他喜欢一边走路，一边看手机。

并列复句中经常使用“也、还、又、一边、不是、就是”等词语，例如：

① 今天我来了，明天我***还***来。
② 这些天***不是***刮风，***就是***下雨。

（二）承接复句

承接复句中的两个或两个以上的分句按照时间顺序叙述连续或相继发生的动作或情况，例如：

① 你***先***吃，我***后***吃。
② ***首先***我们讨论做什么，***其次***讨论什么时候做，***最后***再讨论怎么做。
③ 学完了第八课，我们***就***考试。
④ 雨停了，比赛***就***开始。

承接复句中常用“先、首先、一、就、便、再、然后、于是”等副词或连词，例如：

① 我们***先***打球，打完球***再***去吃饭。
② 昨天路过商场，***于是***就进去买了件衣服。

（三）递进复句

递进复句中后面的分句表示的意思比前面的分句更进一层，分句之间的顺序固定，不能随意变动，例如：

① 今天**不但**热，**还**有些闷。

② 他的发音**不仅**很好，**而且**汉字也很棒。

③ 你不想去，我**更**不想去。

④ 汉字难，发音**更**难。

递进复句中常用“不但、不仅、而且、并且、还、更”等连词或副词，例如：

① 她**不但**会说英语，**而且**会说汉语。

② 我厉害，他比我**还**厉害。

③ 今天冷，明天**更**冷。

应该注意的是，前后两个分句的主语不同时，“不但”“不仅”要位于主语前，例如：

① **不但**风很大，**而且**雨很大。

② **不但**个子高，**并且**性格很好。

前后两个分句的主语相同时，“不但”“不仅”位于主语后，例如：

① 今天**不但**刮风，而且还下大雨。

② 烤鸭**不但**贵，还很油腻。

（四）选择复句

选择复句的几个分句分列不同的事情或情况，要求听话人从中做出选择，例如：

① 咱们**或者**吃包子，**或者**吃饺子。

② 他去北京，**还是**去上海？

选择复句中常有“或（者）、要么、还是”等关联词语。应该注意的是，“或（者）”只能用于陈述句，不能用于疑问句；“还是”一般用于疑问句，例如：

① **或者**你去，**或者**他去。

② 是你去，**还是**他去？

三、备考指南

本节的重点：

了解、掌握联合复句的各种类型

了解、掌握联合复句的各种类型，能够具体分析某一个复句所属的类型。

外国学生使用递进复句时，常常把“不但”“不仅”的位置弄错。要解决这一问题，除了要讲清楚“不但”“不仅”位于主语前后的条件外，还可采用公式法教学，通过公式，把它们的位置特点清楚地展示出来。在此基础上，进行强化练习，让学生熟练掌握。

四、模拟练习

第 1—5 题

语句上的差别虽不像词语那么明显，却也是存在的。日常生活中，(1) 对同辈人和长辈人说话要讲究分寸，对上级和下级，对陌生人和熟人，以及对不同年龄、性别的人，说话也要讲分寸。(2) 传说宋代大文学家苏轼，一次旅途路过一个寺庙想讨口水喝，于是就进了那个寺庙。庙里的小和尚起初不知道他的身份，颇有些怠慢，端来茶以后，就不冷不热地说："坐，喝茶!" 苏轼见主人有些怠慢，就执意不坐。通过交谈，和尚觉得这位客人好像不是一般人，所以就改口说："请坐，喝茶!" 等知道要茶喝的人就是大名鼎鼎的苏轼时，又立即改口说："请上坐，喝香茶!" 这一改说，显示了主人对苏轼的态度发生了很大的变化，由冷淡变得恭敬起来。喝完茶以后，寺庙里的和尚请苏轼题字留念，苏轼就提笔写下了这样一副楹联：(3)"坐，请坐，请上坐；喝，喝茶，喝香茶"，把寺庙的和尚对他的态度很幽默地记录了下来。这虽是一则文人轶事，但却反映了一个事实，就是对不同身份的人，语言表达上也有所不同。

（改编自《汉语与文化交际》）

请选出短文中画线句子对应的复句类型，在 A—D 中进行选择，其中有一个多余选项。

1. ________
2. ________
3. ________

A. 递进复句
B. 选择复句
C. 并列复句
D. 承接复句

4.“苏轼见主人有些怠慢，就执意不坐。”的语义关系是：(　)

A. 递进关系　　B. 并列关系
C. 选择关系　　D. 承接关系

5. “请上坐，喝香茶”是哪一种复句？（ ）

A. 递进复句　　B. 并列复句

C. 选择复句　　D. 承接复句

五、知识链接

有关联合复句的详细情况，请参见：

1. 刘月华，潘文娱，故韡. 实用现代汉语语法（增订本）. 北京：商务印书馆，2001.

2. 杨德峰. 对外汉语教学核心语法. 北京：北京大学出版社，2009.

第二节　偏正复句

偏正复句的各分句意义上有主次之分，正句承担了偏正复句的主要意思，偏句修饰或限制正句。

一、案例导入

第 1—4 题

请选出下列复句对应的复句类型，在 A—E 中进行选择，其中有一个多余选项。

1. 由于准备很充分，这次考试考得很好。
2. 即使天气再热，比赛也要进行。
3. 这东西好是好，就是太贵了。
4. 无论什么人，都不能请假。
5. 与其坐在这里等，不如去找一下。

A. 选择复句
B. 条件复句
C. 因果复句
D. 假设复句
E. 转折复句
F. 承接复句

答案与解析

1. 答案 C。该题主要考查对因果复句的了解和掌握情况。该复句的前一个分句表示原因，后一个复句表示结果，是因果复句，所以答案是 C。

2. 答案 D。该题主要考查对假设复句的了解和掌握情况。该复句前一个分句有连词“即使”，表示假设，因此是假设复句，所以答案是 D。

3. 答案 E。该题主要考查对转折复句的了解和掌握情况。该复句后一个分句中有连词“就是”，表示转折，因此答案是 E。

4. 答案 B。该题主要考查对条件复句的了解和掌握情况。该复句的第一个分句中有连词“无论”，表示无条件，因此答案是 B。

5. 答案 A。该题主要考查对选择复句的了解和掌握情况。该复句的第一个分句中有连词“与其”，第二个分句中有连词“不如”，表示选择关系，因此答案是 A。

二、基本知识

偏正复句按照正句与偏句意义上的关系进一步分为因果复句、转折复句、假设复句、让步复句、条件复句、目的复句、取舍复句等。

(一) 偏正复句的类型

1. 因果复句

因果复句指正句和偏句之间是原因和结果的关系，一般偏句在前，正句在后，例如：

① ***因为***我喜欢汉语，***所以***来北京学习。
② ***由于***没有复习，***因此***考得很糟糕。

因果复句中常用“因为、由于、既然、所以、因此、就”等连词或副词，例如：

① ***因为***明天有雨，***因此***出游计划取消。
② ***由于***我们是为人民服务的，**所以**就不怕被人批评。
③ ***既然***来了，***就***多住几天。

“因为……，所以……”这样的因果复句有时也可以正句在前，偏句在后。正句在前时，正句中不能用“所以”等关联词语，例如：

① 他不去旅游，***因为***他没有时间。
② 今天没有听写，***因为***明天有考试。

2. 转折复句

一般偏句提出某种事实或情况，正句转而述说与偏句相反或相对的意思，例如：

① ***虽然***汉语有点难，***但是***很有意思。
② 大卫的口语很好，***可是***汉字不太好。

转折复句中常有“虽然、但是、可是、不过、就是、倒、却、否则、不然”等连词或副词，例如：

① 天气很热，**不过**教室里不热。
② 我们都忙得要死，你**却**在这儿睡觉。
③ 星期一应该没有考试，**不然**老师就告诉我们了。

3. 假设复句

一般偏句假设存在或出现某种情况，正句说明由此假设的情况产生的结果或得出的结论，例如：

① **如果**天气好，明天**就**去郊游。
② **要是**有时间，咱们**就**去长城看看。

假设复句也可以正句在前，偏句在后，例如：

① 明天去郊游，**如果**天气好的话。
② 咱们去长城看看，**要是**有时间。

正句在前时，有突出或强调正句的意思。

假设复句中常用"如果、假如、要是、倘若、就、那"等连词或副词，例如：

① **假如**明天有考试，现在复习**也**来不及了。
② 你**要是**不想去，**就**不勉强了。
③ **倘若**不学汉语，我们**就**不会在这儿见面了。

4. 让步复句

一般偏句先退一步承认假设的事实或情况，正句则表示与此假设实现情况相反的结果，例如：

① **尽管**没复习，**但**我考得很好。
② **就算**你不去，我们**也**不改变计划。

让步复句中多用"即使、即便、尽管、就是、就算、哪怕、也"等连词或副词，例如：

① **即使**明天下大雨，长城**也**得去。
② **就是**晚上不睡觉，**也**要把作业做完。
③ **哪怕**熬夜，**也**要复习完。

5. 条件复句

一般偏句提出一种真实或假设的条件，正句说明在这种条件下所产生的结果，例如：

① ***只有***好好复习，***才***能考好。

② ***只要***你去，我***就***去。

条件复句中常用“只有、只要、除非、不管、无论、不论、就、才”等连词或副词，例如：

① ***除非***大家都去，我***才***去。

② ***不管***是谁，***都***要考试。

③ ***不论***什么人，这次***都***不许请假。

应该注意的是，“不管、无论、不论”所在的句子必须有疑问代词或疑问副词，或者是“动词＋不/没有＋动词”“形容词＋不＋形容词”“（是）……还是……”等，例如：

① 不管***什么时候***，我都不喝酒。

② 无论***贵不贵***，他都要买。

③ 不论***星期六还是星期天***，妈妈都不休息。

6. 目的复句

一般偏句表示某种目的，正句表示为达到目的而采取的行动，例如：

① ***为***省钱，他住在学校宿舍。

② 给家里打个电话吧，***免得***家人担心。

目的复句中常常有“为、为了、以便、以免、免得、省得”等连词或副词，例如：

① ***为了***不影响别人，他总是戴着耳机看电视。

② 把贵重的东西带在身上，***以免***丢失。

③ 带着银行卡，***省得***买东西的时候找钱。

7. 取舍复句

一般偏句表示舍弃的选择，正句表示采取的选择；或偏句、正句表示两种不同的选择，说话人倾向于正句表示的选择，例如：

① ***宁可***睡觉，***也***不看电视。
② ***宁愿***送给别人，***也***不送给你。

取舍复句中常用“宁可、宁愿、与其、不如、也”等连词或副词，例如：

① ***宁可***回国，***也***不这么生活。
② ***与其***吃麦当劳，***不如***吃饺子。

（二）复句中关联词语的位置

1. 连词的位置

连词在复句中的位置比较复杂，有的只能出现在主语前，有的只能出现在主语后，有的出现在主语前、后都可以，例如：

① ***不但***我会汉语，***而且***他也会。
② ***要么***明天去，***要么***后天去，今天不行。
③ 星期一***因为***有考试，***所以***我不去旅游。
④ 汉字***虽然***很难，***但是***很有意思。
⑤ ***虽然***汉字很难，***但是***很有意思。

2. 副词的位置

复句中的副词应放在主语的后面，例如：

① 如果有钱，我***就***旅行。
② 即使下雨，比赛***也***要进行。

三、备考指南

本节的重点：

（一）了解和掌握偏正复句的类型

了解和掌握偏正复句的类型，能够具体分析某一个复句所属的类型。

外国学生使用无条件复句时，“无论”“不管”“不论”后的成分经常出现错误。要解决这一问题，可采用公式法来展示它们后面的成分的特点，像“不管＋疑问代词”“不管＋形容词＋不＋形容词”等，在此基础上进行强化练习，让学生熟练掌握。

（二）掌握复句中副词的位置

汉语的副词一般在主语后、谓语前，外国学生很容易把复句中的副词放在主语前，建议教学时也采用公式法来突出副词的位置特点，并进行强化练习。

四、模拟练习

第 1—5 题

> 在封建社会中，(1) 如果说物质生活主要以家庭为单位的话，那么精神生活就主要是以家族为单位的。(2) 尽管封建王朝在不断地改头换面，但是家族作为一个完整的社会文化实体的性质却没有改变，有着相对的稳定性。(3) 家族在中国封建社会可以说是一个完整的社会文化系统的缩影，是一个缩小的国家。
>
> 家族的精髓是“生相亲爱，死相哀痛”，也就是强调亲情，强调血缘关系。这种亲情和血缘思想，(4) 不管过去还是现在，都是中华民族凝聚在一起的一个坚强的纽带。特别是中华民族面临危机、生死存亡的关键时刻，常常发挥着巨大的作用。尽管 (5) 中国历史上为争夺统治权，统治阶级也上演了一幕幕父子残杀、兄弟残杀的悲剧，但丝毫没有改变人们的家族观念。
>
> (改编自《汉语与文化交际》)

1. 句 (1) 中“如果说物质生活主要以家庭为单位的话，那么精神生活就主要是以家族为单位的。”中的“那么精神生活就主要是以家族为单位的”外国学生容易误说成“那么就精神生活主要是以家族为单位的”，原因是什么？(　)

   A. 目的语负迁移　　　　B. 母语负迁移

   C. 不了解“就”的意思　　　　D. 不了解“就”的位置

2. 句 (2) 中“尽管……但是……”引导的复句是什么关系的复句？(　)

   A. 因果复句　　　　B. 转折复句

   C. 让步复句　　　　D. 条件复句

3. 句 (3) 中“家族在中国封建社会可以说是一个完整的社会文化系统的缩影，是一个缩小的国家”跟下列的哪个复句是一类？(　)

   A. 今天不但热，而且雨很大。　　　　B. 他去，我却不去。

   C. 明天不下雨，就去长城　　　　D. 因为汉语很有意思，所以我学习。

4. 句（4）中“不管过去还是现在，都是中华民族凝聚在一起的一个坚强的纽带。”中的“不管过去还是现在”外国学生常常误用做“不管过去和现在”，出现这种错误的原因是什么？（　）

A. 母语负迁移　　B. 目的语负迁移

C. 不了解“不管”的意思　　D. 不了解“不管”后面的成分特点

5. 句（5）中“中国历史上为争夺统治权，统治阶级也上演了一幕幕父子残杀、兄弟残杀的悲剧”这个复句属于：（　）

A. 条件复句　　B. 因果复句

C. 假设复句　　D. 目的复句

五、知识链接

有关偏正复句的详细情况，请参见：

1. 刘月华，潘文娱，故韡. 实用现代汉语语法（增订本）. 北京：商务印书馆，2001.

2. 杨德峰. 对外汉语教学核心语法. 北京：北京大学出版社，2009.

第十章　修辞

辞格就是各种修辞方法。汉语的辞格非常丰富，有比喻、借代、比拟、夸张、排比、对偶、反语、引用、对比、衬托、反复、顶针、双关、仿词、回环等等。

一、案例导入

第1—2题

> 荷塘的四面，远远近近，高高低低都是树，而杨柳最多。这些树将一片荷塘重重围住；只在小路一旁，漏着几段空隙，像是特为月光留下的。树色一例是阴阴的，乍看像一团烟雾；但杨柳的丰姿，便在烟雾里也辨得出。树梢上隐隐约约的是一带远山，只有些大意罢了。<u>树缝里也漏着一两点路灯光，没精打采的，是渴睡人的眼。</u>这时候最热闹的，要数树上的蝉声与水里的蛙声；但热闹是它们的，我什么也没有。
>
> （摘自《荷塘月色》）

1. 短文中用了几种辞格？（　）

A. 1种　　　　B. 2种

C. 3种　　　　D. 4种

2. “树缝里也漏着一两点路灯光，没精打采的，是渴睡人的眼。”所用的辞格是什么？（　）

A. 比拟　　　　B. 比喻

C. 夸张　　　　D. 反语

答案与解析

1. 答案B。该题主要考查对各种辞格的了解和掌握情况。短文中出现了拟人：“这些树将一片荷塘重重围住；只在小路一旁，漏着几段空隙，像是特为月光留下的。”“树缝里也漏着一两点路灯光，没精打采的，是渴睡人的眼。”比喻：“树色一例是阴阴的，乍看像一团烟雾。”所以答案是B。

2. 答案A。该题主要考查对拟人辞格的了解和掌握情况。“树缝里也漏着一两点路灯光，没精打采的，是渴睡人的眼。”是把“灯光”当作人来描写，显然是比拟中的拟人，所以答案是A。

二、基本知识

汉语常用的辞格有比喻、借代、比拟、夸张、排比、对偶、反语、引用。

（一）比喻

比喻，就是打比方，根据事物的相似点用具体的、浅显的、熟知的事物与道理来说明或描述抽象的、深奥的、生疏的事物与道理的一种修辞方法，例如：

① 小窗户***像***枪眼。
② 她们两个亲***如***姐妹。

比喻按照有无比喻词可分为明喻和暗喻两种。所谓明喻，就是句子中有比喻词“像、好像、如、似的、一样、一般”等，能够很容易看出来或听出来是比喻，例如：

① 今天太热了，太阳***像***火***一样***。
② 昨天她情绪失控，跟疯子***似的***。

所谓暗喻，就是句子中没有比喻词，例如：

① 他就是老板的一条***走狗***。
② 你这头***蠢猪***。

（二）借代

借代是借事物的某个部分或某种特征来指代该事物，例如：

① 参加这次会议的有不少***新面孔***。
② 你跟踪前面那个***“大胡子”***，别让他跑了。

借代有两种：一是用部分代替整体，即用事物的某个部分来代替该事物，例如：

①**“国字脸”**过来了。

②夫妻俩共同走过了60个**春秋**。

二是用某种特征代替该事物，即用事物的某种特征或属性来代替该事物，例如：

①**“袁大头”**现在很值钱。

②我现在缺**“大团结”**。

（三）比拟

比拟就是把一个事物当成另外一个事物来描述、说明的修辞方法，分为拟人和拟物两种，例如：

①祖国啊，**母亲**！

②路边的鲜花在迎风**点头微笑**。

拟物则是把人物当成事物来描写，例如：

①雷锋是一颗永不生锈的**螺丝钉**。

②你这个**木头人**！。

（四）夸张

夸张是为了达到某种表达效果的需要，对事物的形象、特征、作用、程度等方面着意夸大或缩小的修辞方法，例如：

①女孩子都是**针鼻子**心眼。

②蜀道难，**难于上青天**。

（五）排比

排比是把结构相同或类似、意思密切相关、语气一致的词语或句子成串排列的一种修辞方法，例如：

①**长征是宣言书，长征是宣传队，长征是播种机**。这样说才是恰当的，因为我们完成了长征。

②**拥有知识，就拥有了无限的光明和希望；拥有知识，就拥有了无限的力量和财富**。

（六）对偶

对偶是用字数相等、结构相同或相近、意义对称的一对短语或句子来表达两个相对应或相近或意思相同的修辞方法，例如：

① ***穷则独善其身，达则兼善天下***。

② ***墙头芦苇头重脚轻根底浅，山间竹笋嘴尖皮厚腹中空。***

（七）反语

反语就是说反话，运用跟本意相反的词语来表情达意，含有否定、讽刺以及嘲弄的意思。书面语中，反语常常带引号，例如：

① 可是***“友邦人士”***一惊诧，我们的国府就怕了，“长此以往，国将不国了”。

② 他是你***“朋友”***，你去找他帮你呀！

（八）引用

引用是指在说话或写作中使用一些现成的成语、谚语、警句、格言或名人语录等来表达自己的思想感情的一种修辞方法，例如：

① ***“苟富贵，勿相忘”***，发达了以后，别忘了我这个老朋友！

② 毛主席说过：***“不到长城非好汉”***，我登上了长城，我就是好汉了。

三、备考指南

本章的重点：

了解、掌握各种辞格的特点

了解、掌握各种辞格的特点，能够对语篇中出现的各种辞格做具体的判断和分析。

四、模拟练习

第 1—5 题

请选出下列各项对应的辞格，在 A—F 中进行选择，其中有一个多余选项。

1. 平静清澈的湖面，宛如一面大镜子。（　）
2. 白发三千丈，缘愁似个长。（　）
3. 上得了厅堂，下得了厨房。（　）
4. 杜甫川唱来柳林铺笑，红旗飘飘把手招。（　）
5. 梦想是信念，梦想是力量，梦想是明灯。（　）

A. 排比
B. 拟物
C. 夸张
D. 比喻
E. 对偶
F. 拟人

第 6—8 题

曲曲折折的荷塘上面，弥望的是田田的叶子。(6) 叶子出水很高，像亭亭的舞女的裙。(7) 层层的叶子中间，零星地点缀着些白花，有袅娜地开着的，有羞涩地打着朵儿的；正如一粒粒的明珠，又如碧天里的星星，又如刚出浴的美人。微风过处，送来缕缕清香，仿佛远处高楼上渺茫的歌声似的。这时候叶子与花也有一丝的颤动，像闪电般，霎时传过荷塘的那边去了。(8) 叶子本是肩并肩密密地挨着，这便宛然有了一道凝碧的波痕。叶子底下是脉脉的流水，遮住了，不能见一些颜色；而叶子却更见风致了。

（摘自《荷塘月色》）

6. 句 (6) 中的“叶子出水很高，像亭亭的舞女的裙”所用的辞格是什么？（　）
   A. 比喻　　B. 拟人　　C. 排比　　D. 对偶

7. 句 (7) 中“层层的叶子中间，零星地点缀着些白花，有袅娜地开着的，有羞涩地打着朵儿的；正如一粒粒的明珠，又如碧天里的星星，又如刚出浴的美人。”用了几种辞格？（　）
   A. 1 种　　B. 2 种　　C. 3 种　　D. 0 种

8. 句（8）中“叶子本是肩并肩密密地挨着，这便宛然有了一道凝碧的波痕。”用了什么辞格？（　）

A. 拟人　　B. 排比　　C. 比喻　　D. 夸张

第 9—10 题

> 阿 Q 也脱下破夹袄来，翻检了一回，不知道因为新洗呢还是因为粗心，许多工夫，只捉到三四个。（9）他看那王胡，却是一个又一个，两个又三个，只放在嘴里毕毕剥剥的响。阿 Q 最初是失望，后来却不平了：（10）看不上眼的王胡尚且那么多，自己倒反这样少，这是怎样的大失体统的事呵！他很想寻一两个大的，然而竟没有，好容易才捉到一个中的，恨恨的塞在厚嘴唇里，狠命一咬，劈的一声，又不及王胡响。
>
> （摘自《阿 Q 正传》）

9. 句（9）中“他看那王胡，却是一个又一个，两个又三个，只放在嘴里毕毕剥剥的响。”所用的辞格是什么？（　）

A. 比喻　　B. 排比　　C. 夸张　　D. 拟人

10. 句（10）中“看不上眼的王胡尚且那么多，自己倒反这样少，这是怎样的大失体统的事呵！”用了什么辞格？（　）

A. 反语　　B. 比喻　　C. 排比　　D. 对偶

五、知识链接

有关修辞的详细情况，请参见：

1. 北京大学中文系现代汉语教研室. 现代汉语（增订本）. 北京：商务印书馆，2012.

2. 黄伯荣，廖序东. 现代汉语（下册）（增订三版）. 北京：高等教育出版社，2002.

3. 姚殿芳，潘兆明. 实用汉语修辞. 北京：北京大学出版社，2001.

主要参考文献

北京大学中文系现代汉语教研室. 现代汉语（增订本）. 北京：商务印书馆，2012.

黄伯荣，廖序东. 现代汉语（上册）（增订三版）. 北京：高等教育出版社，2002.

黄伯荣，廖序东. 现代汉语（下册）（增订三版）. 北京：高等教育出版社，2002.

刘广徽，金晓达. 汉语普通话语音图解课本（学生用书）（修订版）. 北京：北京语言大学出版社，2011.

孔子学院总部/国家汉办. 国际汉语教师标准. 北京：外语教学与研究出版社，2012.

孔子学院总部/国家汉办. 国际汉语教师证书考试大纲. 北京：人民教育出版社，2015.

刘　涛，付　博. 国际汉语教学基础. 北京：东北师范大学出版社，2015.

刘月华，潘文娱，故　韡. 实用现代汉语语法（增订本）. 北京：商务印书馆，2001.

王　宇. 国际汉语教师证书考试模拟题集. 长春：东北师范大学出版社，2015.

杨德峰. 对外汉语教学核心语法. 北京：北京大学出版社，2009.

杨德峰. 汉语与文化交际（增订本）. 北京：商务印书馆，2012.

中国社会科学院语言研究所词典编辑室. 现代汉语词典（第 7 版）. 北京：商务印书馆，2016.

周有光. 汉语拼音方案基础知识. 北京：语文出版社，1995.

朱德熙. 语法讲义. 北京：商务印书馆，1982.

参考答案

第一章　语音

第一节　1B　2C　3D　4A　5A　6A　7C　8E　9B　10D　11F　12A　13D　14A　15D　16C

第二节　1C　2B　3A　4E　5F　6D　7A　8A　9B　10B　11A　12B　13D　14C　15A　16D

第三节　1A　2C　3E　4B　5C　6A　7A　8C　9C　10D

第四节　1C　2B　3A　4B　5A　6A　7C　8C　9A　10B　11A　12D

第五节　1D　2C　3B　4A　5D　6B　7C　8A　9B　10C　11D　12B

第二章　汉字

第一节　1E　2C　3D　4A　5B　6A　7D　8E　9C　10D　11B

第二节　1D　2B　3C　4A　5A　6C　7A　8D　9D　10B　11A　12B　13C　14C　15C

第三节　1D　2B　3B　4D　5D　6B　7D　8D

第三章　词汇

第一节　1H　2F　3G　4B　5D　6J　7E　8C　9D　10D　11B　12B　13A　14C　15A　16D　17C　18B　19C　20C　21D

第二节　1B　2D　3E　4A　5C　6B　7D　8C　9B　10C

第三节　1C　2B　3D　4A　5A　6C　7C

第四节　1A　2B　3C　4A　5D

第五节　1D　2B　3A　4E　5C　6D　7B　8A　9D

第四章　词类

第一节　1E　2B　3D　4C　5A　6A　7C　8A　9A　10A　11C　12C　13C　14B　15A　16B　17A

第二节　1B　2D　3G　4E　5A　6C　7C　8F　9E　10D　11B　12A　13A
14D　15A　16C　17A　18B　19B　20B　21A　22C

第五章　短语

1B　2G　3A　4F　5D　6C　7E　8A　9A　10A　11D

第六章　句子成分

第一节　1C　2A　3B　4D　5D　6D

第二节　1C　2D　3B　4A　5B　6B　7B　8A　9C

第三节　1B　2D　3B　4A　5D

第四节　1F　2C　3A　4B　5D　6E　7A　8C　9B　10B　11A　12D

第七章　单句

第一节　1D　2F　3E　4C　5A　6A　7A

第二节　1C　2D　3G　4F　5A　6E　7B　8C

第八章　特殊句式

第一节　1C　2D　3B　4A　5D

第二节　1D　2B　3E　4C　5A　6A　7B　8B　9A　10A

第九章　复句

第一节　1C　2D　3A　4D　5B

第二节　1D　2C　3A　4D　5D

第十章　修辞

1D　2C　3E　4F　5A　6A　7C　8A　9C　10A